全民阅读

农村普法丛书

U0731389

农村
常见法律纠纷解答

NONGCUN
CHANGJIAN FALÜ JIUFEN JIEDA

冉启培　胡政武　主编

西南师范大学出版社

国家一级出版社　全国百佳图书出版单位

图书在版编目（CIP）数据

农村常见法律纠纷解答 / 冉启培 , 胡政武主编 . --
重庆 : 西南师范大学出版社 , 2020.11
（全民阅读农村普法丛书）
ISBN 978-7-5697-0066-4

Ⅰ . ①农… Ⅱ . ①冉… ②胡… Ⅲ . ①民事纠纷 – 中
国 – 问题解答 Ⅳ . ① D925.105

中国版本图书馆 CIP 数据核字 (2020) 第 217104 号

农村常见法律纠纷解答

NONGCUN CHANGJIAN FALÜ JIUFEN JIEDA

冉启培　胡政武　主编

责任编辑　应　娟
责任校对　周　杰
装帧设计　王　冲
排　　版　杨建华
出版发行　西南师范大学出版社
地　　址　重庆市北碚区天生路 2 号
网　　址　www.xscbs.com
经　　销　全国新华书店
印　　刷　重庆市国丰印务有限责任公司
幅面尺寸：170 mm × 240 mm
印　　张　10
字　　数　180 千字
版　　次　2020 年 12 月第 1 版
印　　次　2020 年 12 月第 1 次印刷
书　　号　ISBN 978-7-5697-0066-4
定　　价　28.00 元

前　言

马克思有言："社会不是以法律为基础的，那是法学家们的幻想。相反地，法律应该以社会为基础。"法律当然要以社会为基础，不仅如此，以社会为基础的法律还必须再度回到社会中去，还有必要走进千家万户、走进寻常百姓家。如此，法律条文才会从静态变为动态，法律知识才会从书本走向社会，而实现这一跨越的第一步就在于"普法"。

自"一五普法"以来，三十余年的普法教育见证了法治和国家治理现代化的伟大历程，更是书写了中国特色社会主义法律体系和中国特色社会主义法治体系的宏伟篇章。纵观人类法律文明史，法律从未像今天这般普及；纵观中华人民共和国七十余年的法律发展史，法治从未像今天这般离我们如此之近。法律和法治越是深入到社会之中，与之相关的知识就越是变得触手可及。当放眼广大农村地区，我们不禁会发现，法律在那些地区显得如此陌生，诉诸法律的意识也很薄弱。普法实践表明，农村普法教育在当前且在今后的一段时间里都是普法工作不容忽视的重点和要全力攻克的难点，而提升其整体法律意识则是我们每一个法律人责无旁贷的事情。借此，编者组织法律专家撰写了《农村常见法律纠纷解答》一书。

编者在总结农村地区常见法律纠纷的司法实践基础上，从婚姻家庭、房屋土地、邻里纠纷、打工维权、医疗养老、交通安全、民间借贷以及校园安全八个方面较为系统和全面地介绍了常见的法律问题及解决思路。在这里，没有繁杂冗长的学说和理论，有的是通俗易懂的条文说明、贴近生活的真实案例、切实可行的法律指引。我们诚挚地期望，本书能有助于法律知识和法律意识在广大农村地区进一步普及和增强，从而更好地服务于"送法下乡"。

本书由冉启培、胡政武主编，王荣余、蔡美凤、游巧玲、汤蕊、刘玉、余邦河、宋晓冬参与了部分章节的编写。

编　者
2020 年 11 月

目 录
CONTENTS

第一章
婚姻家庭

第一节
结婚与婚姻效力

一、婚约与聘金

裁判要旨

我国婚姻法虽然不禁止双方当事人订立婚约，但是也不承认婚约具有法律约束力。因此，双方当事人订立婚约后不愿意继续履行的，法院不得判决强制履行。聘金可以比照赠与关系处理。

案例简介①

2017 年 7 月，原告张某与被告陈某通过微信相识后，确立恋爱关系。同年 10 月 1 日，原告按照当地习俗和被告的要求为被告添置了价值 31068 元的"四金一钻"，10 日，原、被告举行订婚仪式，原告向被告交付了彩礼现金 24000 元。订婚后，原告根据被告的要求拍摄婚纱照、添置婚纱礼服共花费 6798 元，为被告家出资维修房屋花费 17500 元，为被告添置手机花费 3198 元。2018 年 4 月初，被告提出结婚必须给 12 万元彩礼，双方就彩礼数额没有达成一致意见。2018 年 5 月底，原告得知被告欲将订婚时所购的钻戒进行典当，双方发生争吵，之后，原告便向被告提出要求退还相关财物。原告张某请求法院判令被告向原告返还财产 82564 元。

被告陈某辩称：原告诉状所述不是事实，手机是被告过生日时，原告送的礼物，订婚时礼金只收到 22000 元并已用于准备婚礼，维修房子是原告自愿的。

法院认为：婚约财产纠纷中的彩礼是以缔结婚姻关系为目的，包括按照民

---

① 中国裁判文书网.(2018)湘 0802 民初 2108 号判决书：张某与陈某婚约财产纠纷一审民事判决书(有删改)。

间风俗习惯,婚前由男方给付给女方的数额较大的金钱和物品。给付彩礼是一种附条件的赠与行为,既不为法律所提倡,也不为法律所禁止。当婚约双方未能缔结婚姻关系或者解除婚姻关系,符合法定条件时,彩礼可予酌情返还。《中华人民共和国婚姻法》第三条规定"禁止借婚姻索取财物",同时《最高人民法院关于适用〈中华人民共和国婚姻法〉若干问题的解释(二)》第十条规定"当事人请求返还按照习俗给付的彩礼的,如果查明属于以下情形,人民法院应当予以支持:(一)双方未办理结婚登记手续的……"。本案中,原、被告举行了订婚仪式但双方一直未办理结婚登记手续,现双方因生活琐事解除婚约,双方的结婚目的已不能实现,原告请求被告返还按照习俗给付的彩礼,应予以支持。

关于彩礼的确认:本案根据原、被告提交的证据及庭审查明的事实,在订婚时,原告张某向被告陈某给付共计价值 31068 元的黄金手镯一只、耳环一对、项链及吊坠一套、钻戒一个,以及给付现金 22000 元,均系原告为达成与被告缔结婚姻关系的目的而给付的,且数额较大,均应认定属彩礼范畴。2018 年 3 月,原告张某为拍摄婚纱照支付的相关费用 6798 元,原告赠送给被告价值 3198 元的手机以及为被告家维修房屋的花费,不属于婚约给付的彩礼范畴。

湖南省张家界市永定区人民法院判决:一、被告陈某于本判决生效后十五日内返还原告张某彩礼现金 10000 元,彩礼礼品黄金手镯一只、耳环一对、项链及吊坠一套、钻戒一个(价值共计 31068 元);二、驳回原告张某的其他诉讼请求。

经验总结

1. 婚约不具有法律约束力,当事人可以自主地解除婚约。因此,不要寄希望于通过婚约绑牢对方。根据《中华人民共和国婚姻法》的规定,只有正式登记结婚,才具有法律效力。

2. 婚前给付的聘金,即常说的彩礼,一般被视为附条件的赠与,属于附解除条件的民事法律行为。所谓解除条件,是指导致民事法律行为的效力消灭的条件。在条件成就前,法律行为已经发生效力,于条件成就时其法律行为的效力终止。因而,当事人应当妥善处理聘金,特别是对于婚礼筹办的支出,应当保留好证据。

3. 在日常生活中,当事人对于日后可能产生争议的情形,应尽量保存好证据。本案中,被告对于彩礼已经用于"婚礼"花费的主张,没有相应的证据,最终举证不能,导致希望相应减少返还彩礼的主张不能得到支持。

相关法律规定

一、《中华人民共和国民法典》

第一千零四十二条第一款 禁止包办、买卖婚姻和其他干涉婚姻自由的行为。禁止借婚姻索取财物。

第一千零四十九条 要求结婚的男女双方应当亲自到婚姻登记机关申请结婚登记。符合本法规定的,予以登记,发给结婚证。完成结婚登记,即确立婚姻关系。未办理结婚登记的,应当补办登记。

二、《最高人民法院关于适用〈中华人民共和国婚姻法〉若干问题的解释(二)》

第十条 当事人请求返还按照习俗给付的彩礼的,如果查明属于以下情形,人民法院应当予以支持:

(一)双方未办理结婚登记手续的……

三、《最高人民法院关于人民法院审理未办结婚登记而以夫妻名义同居生活案件的若干意见》

第三条 自民政部新的婚姻登记管理条例施行之日起,没有配偶的男女,未办结婚登记即以夫妻名义同居生活,按非法同居关系对待。

第十条 解除非法同居关系时,同居生活期间双方共同所得的收入和购置的财产,按一般共有财产处理,同居生活前,一方自愿赠送给对方的财物可比照赠与关系处理……

延伸阅读

事实婚姻及其法律效力问题

《中华人民共和国婚姻法》第八条规定:"要求结婚的男女双方必须亲自到婚姻登记机关进行结婚登记。符合本法规定的,予以登记,发给结婚证。取得结婚证,即确立夫妻关系。未办理结婚登记的,应当补办登记。"一般情况下,合法夫妻必须在民政部门的婚姻登记机关进行结婚登记。但是,法律也规定有例外情形。

　　《最高人民法院关于人民法院审理未办结婚登记而以夫妻名义同居生活案件的若干意见》第三条规定:"自民政部新的婚姻登记管理条例施行之日起,没有配偶的男女,未办结婚登记即以夫妻名义同居生活,按非法同居关系对待。"①同时,2001年12月24日通过的《最高人民法院关于适用〈中华人民共和国婚姻法〉若干问题的解释(一)》第五条规定:"未按婚姻法第八条规定办理结婚登记而以夫妻名义共同生活的男女,起诉到人民法院要求离婚的,应当区别对待:(一)1994年2月1日民政部《婚姻登记管理条例》公布实施以前,男女双方已经符合结婚实质要件的,按事实婚姻处理;(二)1994年2月1日民政部《婚姻登记管理条例》公布实施以后,男女双方符合结婚实质要件的,人民法院应当告知其在案件受理前补办结婚登记;未补办结婚登记的,按解除同居关系处理。"可知,在1994年2月1日之前,未办理结婚登记即以夫妻名义同居,按事实婚姻对待。男女双方只要符合婚姻法规定的结婚实质要件,就是受法律保护的夫妻。在1994年2月1日之后,结婚必须要到民政部门婚姻登记机关进行结婚登记,未办理结婚登记即以夫妻名义同居,不能作为受法律保护的夫妻关系。

二、婚姻登记

裁|判|要|旨

　　婚姻登记机关对于申请结婚登记当事人提交的材料,仅有形式上审查的责任与客观条件。当事人一方利用虚假材料骗取结婚登记的,可以依据《中华人民共和国行政诉讼法》申请撤销结婚登记。

---

①　此处的"新的婚姻登记管理条例"是指1994年2月1日民政部发布的《婚姻登记管理条例》,但其已被废止。2003年7月30日国务院通过的《婚姻登记条例》第二十二条规定:"本条例自2003年10月1日起施行。1994年1月12日国务院批准、1994年2月1日民政部发布的《婚姻登记管理条例》同时废止。"但学术界和实务界普遍认为,《最高人民法院关于人民法院审理未办结婚登记而以夫妻名义同居生活案件的若干意见》第三条的规定依然有效,其依据主要是《最高人民法院关于适用〈中华人民共和国婚姻法〉若干问题的解释(一)》第五条的规定。

案例简介①

原　告: 崔某英

被　告: 阳信县民政局

第三人: 刘某堂、周某家

原告崔某英诉称,原告与第三人周某家于1994年10月登记结婚,一直共同生活,系合法夫妻关系。经婚姻系统查询,被告阳信县民政局于1995年11月27日在原告未到场签字确认的情况下,将原告与第三人刘某堂登记为夫妻,并出具了阳劳字第259号婚姻证。因被告阳信县民政局的错误登记行为导致原告名下同时出现两个结婚证,影响了原告家庭的正常生活,为维护原告的合法权益诉至法院,请求法院撤销被告于1995年11月27日出具的阳劳字第259号结婚证,诉讼费用由被告承担。

被告阳信县民政局辩称:原告崔某英在申请结婚登记时,提供婚姻状况为"未婚"的证明材料,该证明材料加盖村委会的公章,我局工作人员在当时户籍信息未联网的条件下,不具备审查其证据真实与否的条件和能力,我局准予登记所依据的材料是申请登记的双方当事人提供的,并依照法律法规对上述材料进行了严格审查,该结婚证的出具程序合法、适用法律正确,如当事人提供虚假材料骗取结婚登记,属当事人的主观过错,不存在撤销的法定事由。请求法院查明案件事实,驳回原告的诉讼请求。

法院认为:《婚姻登记条例》第二条第一款规定:"内地居民办理婚姻登记的机关是县级人民政府民政部门或者乡(镇)人民政府,省、自治区、直辖市人民政府可以按照便民原则确定农村居民办理婚姻登记的具体机关。"《中华人民共和国行政诉讼法》第二十六条第六款规定:"行政机关被撤销或者职权变更的,继续行使其职权的行政机关是被告。"阳信县民政局是法定的办理婚姻登记的行政机关,是本案适格被告。本案中,被告于1995年11月27日作出婚姻登记行为所依照的1994年发布实施的《婚姻登记管理条例》(现已废止)第九条第一款的规定:"当事人结婚的,必须双方亲自到一方户口所在地的婚姻登记管理机关申请结婚登记;申请时,应当持下列证件和证明:(一)户口证明;(二)居民身份

---

① 中国裁判文书网.(2020)鲁1622行初13号判决书:崔某英与阳信县民政局民政行政管理(民政)一审行政判决书(有删改)。

证;(三)所在单位、村民委员会或者居民委员会出具的婚姻状况证明。"从本案证据来看,当事人向被告申请婚姻登记时,仅向被告提交了《结婚登记申请书》《婚姻状况证明》,第三人刘某堂与崔某芳以"崔某英"的名义取得了结婚证,被告作为婚姻登记机关,在办理婚姻登记过程中应当依法对当事人身份和提交的申请材料以高度负责的态度认真履行审慎审查义务,在本案争议的婚姻登记过程中被告疏于审查,以致当事人以虚假材料获取婚姻登记,客观上造成了行政登记行为主要证据不足、事实不清的错误登记。

山东省阳信县人民法院判决:撤销被告阳信县民政局于 1995 年 11 月 27 日颁发的阳劳字第 259 号结婚登记。

经验总结

现实生活中存在着为数不少的骗婚行为,且婚姻这种民事法律行为有一定的特殊性,往往很难获得救济。本案较为特殊,因登记时女方的材料系伪造的,所以当事人可以通过行政诉讼,撤销民政部门婚姻登记机关作出的具体行政行为。

相关法律规定

《中华人民共和国行政诉讼法》

第七十条　行政行为有下列情形之一的,人民法院判决撤销或者部分撤销,并可以判决被告重新作出行政行为:

(一)主要证据不足的;

(二)适用法律、法规错误的;

(三)违反法定程序的;

(四)超越职权的;

(五)滥用职权的;

(六)明显不当的。

延伸阅读

　　我国现行民事单行法中仅承认受胁迫缔结的婚姻，受胁迫一方有权请求婚姻登记机关或者人民法院撤销。2001年4月28日开始实施的《中华人民共和国婚姻法》第十一条规定："因胁迫结婚的，受胁迫的一方可以向婚姻登记机关或人民法院请求撤销该婚姻。受胁迫的一方撤销婚姻的请求，应当自结婚登记之日起一年内提出。被非法限制人身自由的当事人请求撤销婚姻的，应当自恢复人身自由之日起一年内提出。"《中华人民共和国婚姻法》第十二条规定："无效或被撤销的婚姻，自始无效。当事人不具有夫妻的权利和义务。同居期间所得的财产，由当事人协议处理；协议不成时，由人民法院根据照顾无过错方的原则判决。对重婚导致的婚姻无效的财产处理，不得侵害合法婚姻当事人的财产权益。当事人所生的子女，适用本法有关父母子女的规定。"

　　不过，民法上没有规定受欺诈缔结的婚姻可以撤销，在符合特定条件的情况下，受欺诈当事人可以通过提起行政诉讼获得救济。如果本案中崔某芳使用的"崔某英"的材料不是伪造的，原告将难以胜诉。

三、婚姻无效

裁判要旨

　　有权依据《中华人民共和国婚姻法》第十条规定向人民法院就已办理结婚登记的婚姻申请宣告婚姻无效的主体，包括婚姻当事人及利害关系人。其他公民向法院申请婚姻登记无效的，不具备相关司法解释规定的主体资格。

📁 案例简介①

上诉人(原审原告):伍某甲

被上诉人(原审被告):杨某甲

被上诉人(原审被告):黄某甲

一审原告伍某甲起诉称:其与杨某甲于 1969 年结婚,生育二子一女。杨某甲未与她解除婚姻关系,就同黄某甲办理结婚登记。请求法院判决杨某甲与黄某甲之间的婚姻无效,案件受理费由杨某甲、黄某甲承担。一审法院认为,婚姻登记行为属于行政行为,行政行为具有公定力,未经法定程序由有权机关变更或撤销前应当推定合法有效。本案中,原告伍某甲与被告杨某甲于 1994 年 3 月 19 日由永善县青胜乡人民政府颁发的(94)青民字第 01 号离婚证,未经有权机关撤销前应当属于合法有效。因此,自 1994 年 3 月 19 日起,原告伍某甲与被告杨某甲的婚姻关系已解除,不再系夫妻,不属于杨某甲的近亲属,裁定驳回原告伍某甲的起诉。

伍某甲不服,上诉要求撤销一审裁定,指令一审法院对本案开庭进行实体审理。一审被告黄某甲答辩称伍某甲不具有本案的原告主体资格,一审法院不应立案受理本案。

二审法院经审理后认为,《最高人民法院关于适用〈中华人民共和国婚姻法〉若干问题的解释(一)》第七条第一项规定:有权依据婚姻法第十条规定向人民法院就已办理结婚登记的婚姻申请宣告婚姻无效的主体,包括婚姻当事人及利害关系人;以重婚为由申请宣告婚姻无效的,为当事人的近亲属及基层组织。《最高人民法院关于贯彻执行〈中华人民共和国民法通则〉若干问题的意见(试行)》第十二条规定:民法通则中规定的近亲属,包括配偶、父母、子女、兄弟姐妹、祖父母、外祖父母、孙子女、外孙子女。上诉人伍某甲与被上诉人杨某甲于 1994 年 3 月 19 日由永善县青胜乡人民政府颁发的(94)青民字第 01 号离婚证,未经有权机关撤销前合法有效,伍某甲与杨某甲的婚姻关系因离婚而解除,两人不再属于近亲属关系,伍某甲不是本案适格的原告,一审裁定驳回起诉恰当。上诉人伍某甲的上诉理由不成立,法院不予采纳。

---

① 中国裁判文书网.(2015)昭中立民终字第 53 号裁定书:伍某甲与杨某甲、黄某甲申请婚姻无效一案二审民事裁定书(有删改)。

云南省昭通市中级人民法院裁定:驳回上诉,维持原裁定。

经验总结

婚姻关系的确立与解除,均要以民政部门颁发的结婚证或离婚证为依据,相关登记在未经依法撤销前,合法有效。在结婚时,应当注意是否存在无效婚姻的情形。

相关法律规定

一、《中华人民共和国民法典》

第一千零五十一条 有下列情形之一的,婚姻无效:

(一)重婚;

(二)有禁止结婚的亲属关系;

(三)未到法定婚龄。

二、《最高人民法院关于适用〈中华人民共和国婚姻法〉若干问题的解释(一)》

第七条 有权依据婚姻法第十条规定向人民法院就已办理结婚登记的婚姻申请宣告婚姻无效的主体,包括婚姻当事人及利害关系人。利害关系人包括:

(一)以重婚为由申请宣告婚姻无效的,为当事人的近亲属及基层组织。

(二)以未到法定婚龄为由申请宣告婚姻无效的,为未达法定婚龄者的近亲属。

(三)以有禁止结婚的亲属关系为由申请宣告婚姻无效的,为当事人的近亲属。

(四)以婚前患有医学上认为不应当结婚的疾病,婚后尚未治愈为由申请宣告婚姻无效的,为与患病者共同生活的近亲属。

三、《中华人民共和国民事诉讼法》

第一百七十条 第二审人民法院对上诉案件,经过审理,按照下列情形,分别处理:

(一)原判决、裁定认定事实清楚,适用法律正确的,以判决、裁定方式驳回上诉,维持原判决、裁定;

(二)原判决、裁定认定事实错误或者适用法律错误的,以判决、裁定方式依

法改判、撤销或者变更;

（三）原判决认定基本事实不清的,裁定撤销原判决,发回原审人民法院重审,或者查清事实后改判;

（四）原判决遗漏当事人或者违法缺席判决等严重违反法定程序的,裁定撤销原判决,发回原审人民法院重审。

原审人民法院对发回重审的案件作出判决后,当事人提起上诉的,第二审人民法院不得再次发回重审。

延伸阅读[①]

再审申请人黄某某因申请其父黄某全(已死亡)与程某英婚姻无效纠纷一案,不服成都市武侯区人民法院(以下简称"武侯法院")(2015)武侯民初字第10694号民事判决,向成都市中级人民法院申请再审。法院于2016年8月9日作出(2016)川01民申102号民事裁定,提审本案。法院依法组成合议庭,开庭审理了本案。

法院再审认为,《最高人民法院关于适用〈中华人民共和国婚姻法〉若干问题的解释(一)》第五条第一项规定:"未按婚姻法第八条规定办理结婚登记而以夫妻名义共同生活的男女,起诉到人民法院要求离婚的,应当区别对待:(一)1994年2月1日民政部《婚姻登记管理条例》公布实施以前,男女双方已经符合结婚实质要件的,按事实婚姻处理。"本案在案证据显示,黄某全与周某清于1962年开始以夫妻名义共同生活,并生育子女,二人未办理结婚登记,但没有证据证实二人共同生活时不具备结婚的实质要件,故根据上述司法解释的规定,应当认定黄某全与周某清存在事实婚姻关系,该事实婚姻关系是合法的婚姻关系,受法律保护。婚姻关系一经建立,即已为双方当事人设立了明确的身份关系,非因法定事由或经法定程序不能认定婚姻关系的解除与否,更不能仅以当事人的主观意愿进行判断。本案现有证据不能证实黄某全死亡前其与周某清的事实婚姻关系已解除,故应当认定该事实婚姻关系在黄某全死亡前一直存续。

[①] 中国裁判文书网.(2016)川01民再80号判决书:黄某某婚姻无效纠纷再审民事判决书(有删改)。

2009 年黄某全在与周某清存在合法婚姻关系的情况下，与程某英登记结婚，属有配偶又与他人结婚的情形，构成重婚。根据《中华人民共和国婚姻法》第十条"有下列情形之一的，婚姻无效：（一）重婚的；……"的规定，黄某全与程某英的婚姻无效。再审申请人黄某某的再审理由成立，其再审请求法院予以支持。武侯法院认定事实基本清楚，但适用法律不当。据此，依照《最高人民法院关于适用〈中华人民共和国婚姻法〉若干问题的解释（一）》第五条，《中华人民共和国婚姻法》第十条，《中华人民共和国民事诉讼法》第二百零七条、第一百七十条第一款第二项之规定，裁定如下：

一、撤销成都市武侯区人民法院（2015）武侯民初字第 10694 号民事判决；

二、宣告黄某全与程某英的婚姻无效。

相关法律规定

一、《最高人民法院关于适用〈中华人民共和国婚姻法〉若干问题的解释（一）》

第五条　未按婚姻法第八条规定办理结婚登记而以夫妻名义共同生活的男女，起诉到人民法院要求离婚的，应当区别对待：

（一）1994 年 2 月 1 日民政部《婚姻登记管理条例》公布实施以前，男女双方已经符合结婚实质要件的，按事实婚姻处理。

（二）1994 年 2 月 1 日民政部《婚姻登记管理条例》公布实施以后，男女双方符合结婚实质要件的，人民法院应当告知其在案件受理前补办结婚登记；未补办结婚登记的，按解除同居关系处理。

二、《中华人民共和国民事诉讼法》

第二百零七条　人民法院按照审判监督程序再审的案件，发生法律效力的判决、裁定是由第一审法院作出的，按照第一审程序审理，所作的判决、裁定，当事人可以上诉；发生法律效力的判决、裁定是由第二审法院作出的，按照第二审程序审理，所作的判决、裁定，是发生法律效力的判决、裁定；上级人民法院按照审判监督程序提审的，按照第二审程序审理，所作的判决、裁定是发生法律效力的判决、裁定。

人民法院审理再审案件，应当另行组成合议庭。

四、同居生子

裁 判 要 旨

　　男女双方在同居关系存续期间所生子女,享受婚生子女待遇。父母皆负有法定的抚养义务。

案 例 简 介①

　　原告马某文(男)诉称:原告与被告魏某红(女)在外打工期间相识相恋,2012年3月按农村风俗举行婚礼,以夫妻名义共同生活,因未达法定年龄,故未办理结婚登记。2012年6月,原、被告生育女儿马某瑶,女儿现与原告共同生活。2013年12月,因男女双方感情不和,被告离家出走,与原告无任何联系。原告曾找过被告,但一直未找到。原、被告无共同财产,亦无共同债权债务。现因原、被告未办理离婚登记,且被告离家出走,下落不明,导致女儿无法落户,故原告特向人民法院提起诉讼,请求判令:(一)解除原、被告的同居关系;(二)女儿马某瑶由原告自费抚养。

　　经法院查明,原告主张的事实,均属实。根据《最高人民法院关于适用〈中华人民共和国婚姻法〉若干问题的解释(一)》第五条、《最高人民法院关于适用〈中华人民共和国婚姻法〉若干问题的解释(二)》第一条、《最高人民法院关于民事诉讼证据的若干规定》(2008年)第二条之规定,法院判决如下:原、被告生育的女儿马某瑶由原告马某文抚养,被告魏某红不支付抚养费。

经 验 总 结

　　当下事实婚姻在我国一些地区还大量存在,公民必须意识到,没有登记的婚姻是不受法律保护的(法律另有规定的除外),但同居期间所生子女,双方均

---

① 最高人民法院2015年公布49起婚姻家庭纠纷典型案例第四十四:马某文诉魏某红子女抚养纠纷案。

有抚养义务。因此,无论是男性还是女性,都应谨慎考虑同居关系,给自己以更多的保障。

相关法律规定

一、《最高人民法院关于适用〈中华人民共和国婚姻法〉若干问题的解释(一)》

第五条 未按婚姻法第八条规定办理结婚登记而以夫妻名义共同生活的男女,起诉到人民法院要求离婚的,应当区别对待:

(一)1994年2月1日民政部《婚姻登记管理条例》公布实施以前,男女双方已经符合结婚实质要件的,按事实婚姻处理。

(二)1994年2月1日民政部《婚姻登记管理条例》公布实施以后,男女双方符合结婚实质要件的,人民法院应当告知其在案件受理前补办结婚登记;未补办结婚登记的,按解除同居关系处理。

二、《中华人民共和国民法典》

第一千零七十一条 非婚生子女享有与婚生子女同等的权利,任何组织或者个人不得加以危害和歧视。

不直接抚养非婚生子女的生父或者生母,应当负担未成年子女或者不能独立生活的成年子女的抚养费。

三、《最高人民法院关于适用〈中华人民共和国婚姻法〉若干问题的解释(二)》

第一条 当事人起诉请求解除同居关系的,人民法院不予受理。但当事人请求解除的同居关系,属于婚姻法第三条、第三十二条、第四十六条规定的"有配偶者与他人同居"的,人民法院应当受理并依法予以解除。

当事人因同居期间财产分割或者子女抚养纠纷提起诉讼的,人民法院应当受理。

延伸阅读

1.同居关系是否需要法院来解除?

我们可以看到,法院仅支持了当事人的第二个诉讼请求,即判决女儿马某瑶由原告自费抚养,而没有支持当事人的第一个诉讼请求——解除原、被告之间的同居关系。这是因为,司法解释对于同居关系是否需要人民法院来解除,发生了观点上的改变。《最高人民法院关于人民法院审理未办结婚登记而以夫妻名义同居生活案件的若干意见》第三条规定:"自民政部新的婚姻登记管理条例施行之日起,没有配偶的男女,未办结婚登记即以夫妻名义同居生活,按非法同居关系对待。"可见,当时最高人民法院对于未办理结婚登记的同居,认定为非法同居,这显然是过于保守和不恰当的。因此,后来最高人民法院的观点产生了变化。《最高人民法院关于适用〈中华人民共和国婚姻法〉若干问题的解释(二)》第一条第一款规定:"当事人起诉请求解除同居关系的,人民法院不予受理。但当事人请求解除的同居关系,属于婚姻法第三条、第三十二条、第四十六条规定的'有配偶者与他人同居'的,人民法院应当受理并依法予以解除。"在这个司法解释中,只有属于"有配偶者与他人同居"的情形,才需要由法院来判决解除,除此之外的同居关系,当事人自行解除即可。

2."非婚生子女"的保护

法律没有明文规定何为"婚生子女"。法学理论认为,婚姻关系存续期间出生的子女,推定为婚生子女。当然,这种推定并不是绝对的。非婚生子女,是指没有婚姻关系的男女所生的子女,主要包括以下几种情况:未婚男女或已婚男女与第三人发生性行为所生的子女、无效婚姻当事人所生子女以及妇女被强奸后所生的子女。

目前,世界上多数国家都承认非婚生子女的法律地位,并加大了保护。我国为避免和遏制家庭、社会对非婚生子女的不公平待遇,法律特别明确声明非婚生子女享有与婚生子女同等的权利,比如被抚养教育的权利、继承父母遗产的权利。同时,强制要求不与非婚生子女一起生活的父或母承担他们直到独立生活为止的生活费、教育费。本案中,原告作为父亲自愿单独抚养非婚生的女儿,一旦他抚养能力不足以养育非婚生的女儿,其可以作为法定代理人向被告请求支付抚养费。

|第二节|
婚姻存续期间的财产关系和人身关系

家庭暴力

裁判要旨

家庭成员中实施家庭暴力的应当承担民事责任。

案例简介[①]

原告赵某(女)、被告卢某(男)于 2006 年 10 月 28 日登记结婚。2007 年 6 月 28 日赵某生育女儿卢某某,婚后才知道被告与前女友未婚生育一个女儿,这一欺骗行为对原告造成了严重的精神伤害。从 2009 年起,被告有外遇出轨行为,经常深夜不归,双方经常为此发生矛盾,被告多次殴打原告。2014 年 7 月 3 日晚 11 时,被告的婚外情女友给被告打电话,又叫被告出去喝酒。原告询问被告后,被告恼羞成怒,再次对原告大打出手,将原告打倒在地,并用力击打原告的头部,原告随后报警,自行治疗。经南宁市公安局邕武派出所委托南宁市公安局兴宁分局对原告的损伤程度进行鉴定,原告的损伤程度为轻伤二级。原告的听力严重受损,多家医院诊断结果都写明需要配助听器,原告在理解和交流活动上中度受限,参与社会生活等方面存在中度障碍,原告因此被评定为三级残疾。2017 年 10 月 31 日,广西金桂司法鉴定中心出具《司法鉴定意见书》,认定原告因被打致残,医疗终结后,其左耳听力损失大于等于 100 分贝,已构成人体损伤八级残疾。

法院经审理后认为,被告卢某因家庭矛盾,对原告赵某进行殴打,导致原告

---

① 中国裁判文书网.(2018)桂 0102 民初 4292 号判决书:赵某、卢某健康权纠纷一审民事判决书(有删改)。

受伤,依法应当承担民事赔偿责任。被告卢某赔偿原告赵某医疗费、交通费、鉴定费、残疾辅助器具费、残疾赔偿金共计 193940.17 元。

经验总结

当下由于各种因素的影响,家庭暴力事件频发,实施家庭暴力的人不仅可能要承担民事责任,还有可能要受到行政处罚,承担行政责任,严重的还有可能构成犯罪,承担刑事责任。当受到家庭暴力的侵害时,应当及时报案,既可以及时阻止家庭暴力,也可以及时收集到家庭暴力的相关证据。

相关法律规定

一、《中华人民共和国民法典》

第一千零七十九条 夫妻一方要求离婚的,可以由有关组织进行调解或者直接向人民法院提起离婚诉讼。

人民法院审理离婚案件,应当进行调解;如果感情确已破裂,调解无效的,应当准予离婚。

有下列情形之一,调解无效的,应当准予离婚:

(一)重婚或者与他人同居;

(二)实施家庭暴力或者虐待、遗弃家庭成员;

(三)有赌博、吸毒等恶习屡教不改;

(四)因感情不和分居满二年;

(五)其他导致夫妻感情破裂的情形。

一方被宣告失踪,另一方提起离婚诉讼的,应当准予离婚。

经人民法院判决不准离婚后,双方又分居满一年,一方再次提起离婚诉讼的,应当准予离婚。

第一千零九十一条 有下列情形之一,导致离婚的,无过错方有权请求损害赔偿:

(一)重婚;

(二)与他人同居;

(三)实施家庭暴力;

（四）虐待、遗弃家庭成员；

（五）有其他重大过错。

二、《中华人民共和国治安管理处罚法》

第四十三条　殴打他人的，或者故意伤害他人身体的，处五日以上十日以下拘留，并处二百元以上五百元以下罚款；情节较轻的，处五日以下拘留或者五百元以下罚款。

有下列情形之一的，处十日以上十五日以下拘留，并处五百元以上一千元以下罚款：

（一）结伙殴打、伤害他人的；

（二）殴打、伤害残疾人、孕妇、不满十四周岁的人或者六十周岁以上的人的；

（三）多次殴打、伤害他人或者一次殴打、伤害多人的。

第四十五条　有下列行为之一的，处五日以下拘留或者警告：

（一）虐待家庭成员，被虐待人要求处理的；

（二）遗弃没有独立生活能力的被扶养人的。

延伸阅读

现实生活中婚外性行为的形式是多种多样的，如一夜情、婚外恋、通奸、姘居、换偶、卖淫嫖娼、包养情妇、包养情夫、强奸等，但婚姻法未对除重婚、同居行为之外的其他违反夫妻忠实义务的行为规定明确的法律后果。我国对婚外性行为主要依靠道德约束，对婚外性行为严重影响社会秩序的由法律、法规、党纪、政纪进行约束。如《中华人民共和国刑法》规定与现役军人的配偶通奸构成破坏军婚罪；嫖娼卖淫应受治安拘留、罚款处罚。《中华人民共和国婚姻法》第三十二条中规定的认定夫妻感情破裂的法定条件之一为"重婚或有配偶者与他人同居的"。《最高人民法院关于人民法院审理离婚案件如何认定夫妻感情确已破裂的若干具体意见》第八条规定的视为夫妻感情破裂的情形之一为"一方与他人通奸、非法同居，经教育仍无悔改表现，无过错一方起诉离婚"，须满足过错方经教育仍无悔改表现的条件。《中华人民共和国婚姻法》第四十六条规定的无过错方有权请求损害赔偿的导致离婚的情形之一为"有配偶者与他人同居的"。

配偶权是自然人身份权中非常重要的一项权利，侵犯他人配偶权依法应承担民事责任。《中华人民共和国民法典》颁布以后,我国民事责任共有十二种类型:①停止侵害;②排除妨碍;③消除危险;④返还财产;⑤恢复原状;⑥修理、重作、更换;⑦继续履行;⑧赔偿损失;⑨支付违约金;⑩消除影响、恢复名誉;⑪赔礼道歉;⑫惩罚性赔偿。不同种类的民事责任之间存在构成要件和适用上的差异。本案中,原告要求被告承担的精神损害赔偿属于赔偿损失的一种,其适用一般有几个条件:第一,被告对于损害有过错;第二,被告给原告造成的精神损害达到了严重的程度。在本案中,法院驳回原告关于精神损害赔偿的诉讼请求的原因就在于,法院认为,被告给原告造成的精神损害未达到严重程度。

第三节
离　婚

婚内离婚协议的效力

🔨 裁判要旨

　　婚姻当事人之间为离婚达成的协议是一种要式协议,即双方当事人达成离婚合意,并在协议上签名才能使离婚协议生效。双方当事人对财产的处理以达成离婚为前提条件,即使已经履行了财产权利的变更手续,但因离婚的前提条件不成立而没有生效,已经变更权利人的财产仍属于夫妻婚姻存续期间的共同财产。

📷 案例简介[①]

　　原告莫某飞(女)因与被告李某兴(男)发生离婚纠纷,向广东省怀集县人民法院提起诉讼。

　　原告莫某飞诉称:原告与被告李某兴于2002年上半年经人介绍相识,2003年3月双方登记结婚,同年10月21日生育一子李某宇。由于婚前双方缺乏了

---

① 《中华人民共和国最高人民法院公报》2011年第12期(有删改)。

解,草率结合,婚后双方性格完全不合,被告性格自私、多疑,把妻子当作个人财产。原告作为一名教师,见到同学、同事或学生家长时,难免要互谈几句,但被告对原告的正常交往均干涉限制,对原告恶言相向,甚至侮辱原告人格。平时,原、被告之间很少谈心,原告得病,被告也漠不关心,双方根本无法建立应有的夫妻感情。2007年暑假期间,原告为了家庭生活及缓解夫妻矛盾,向被告提出外出做家教,遭到被告的反对,并经原告母亲出面制止原告外出,声称"如果要外出做家教,必须先办离婚手续"等。由于原、被告夫妻感情不断恶化,双方曾于2010年5月协议离婚,但因财产等问题协商未果。2010年7月,被告为在离婚时霸占夫妻共有财产,骗取原告将原登记在原告名下"土地使用证"范围内的土地使用权全部变更给被告。2010年8月初,被告将原告赶出家门,并将家里的门锁全部换掉,原告被迫在外租房与儿子共同生活。原、被告的夫妻感情彻底破裂,已无和好的可能。原、被告在夫妻关系存续期间的财产有宅基地一处,价值15万元的电器、家具等,应依法分割处理。为此,特向法院提起诉讼,请求:(1)判决原告与被告离婚;(2)儿子李某宇由原告抚养,抚养费由原、被告共同负担;(3)依法平分夫妻共同财产;(4)本案受理费由被告负担。

被告李某兴辩称:原告莫某飞与被告经人介绍相识以后,经一年的自由恋爱,双方对对方性格已经完全了解,应有牢固的婚前基础。婚后,双方生育有儿子李某宇,被告两次为原告调动工作。2009年12月,原告因病住院15天,被告每天陪护原告至原告康复,可见夫妻感情深厚、牢固。原、被告还有和好可能,被告坚决不同意离婚,请求法官多做原告的思想工作,使原告放弃离婚念头,挽救原、被告的婚姻关系。

广东省怀集县人民法院一审查明:原告莫某飞与被告李某兴于2002年上半年经人介绍相识,2003年3月双方登记结婚,同年生育一子李某宇。婚后,原、被告的夫妻感情较好。2007年暑假期间,李某兴阻止莫某飞外出做家教,双方发生言语争执。之后,夫妻关系时好时坏。2010年5月,莫某飞草拟离婚协议一份交给李某兴。李某兴答应如果儿子由其抚养,并且夫妻关系存续期间购买的宅基地(使用权登记为女方,价值20万)归男方所有,愿意去办离婚手续。同年7月,原、被告双方到土地管理部门将原登记在莫某飞名下的《土地使用证》范围内的土地使用权变更到李某兴名下。但是,李某兴反悔,不同意离婚。同年8月初,莫某飞搬离家中在外租屋居住,并向法院提起诉讼,请求判决准许离婚,并分割共同财产。

经广东省怀集县人民法院主持调解,因原告莫某飞要求离婚,被告李某兴则不同意离婚,调解未果。本案一审的争议焦点是:原告和被告草拟的离婚协议是否生效,变更后的财产是否仍是夫妻共同财产。

广东省怀集县人民法院经审理认为:原告与被告经人介绍相识并恋爱,双方经一段时间相互了解并自愿登记结婚,双方具有较好的感情基础。婚后,原、被告在生活和工作上能相互扶持,有一定的夫妻感情;原、被告生育的儿子尚年幼,从双方诉讼中反映的情况看,现在儿子急需父母的爱护,原、被告离婚会对他们的儿子造成伤害,因此,原告主张的离婚诉讼请求不予支持。

对于双方当事人是否达成离婚协议问题。离婚协议是解除夫妻双方人身关系的协议,该协议是一种要式协议,必须经双方当事人签名确认才能生效,即双方在协议上签名或者盖章,这是其成立的前提条件。否则,即使有证人在场见证,证明双方达成离婚合意,但由于一方没有在离婚协议上签名确认,在法律上该离婚协议也是没有成立的。原告莫某飞于2010年5月草拟离婚协议一份交给被告李某兴,虽然被告口头答应离婚,且双方履行了共同财产分割的部分,可以认定双方对离婚达成了合意,但是由于李某兴并没有在协议上签名导致离婚协议欠缺合同成立的要件,且事后被告反悔不愿意离婚,因此不能根据仅有一方签名的离婚协议判决双方离婚。

综上,只要双方珍惜已经建立的夫妻感情,慎重对待婚姻家庭问题,做到互相尊重、互相关心,夫妻是有和好可能的。据此,广东省怀集县人民法院依照《中华人民共和国民事诉讼法》第一百二十八条①、《中华人民共和国婚姻法》第三十二条第二款的规定,判决:驳回原告莫某飞的离婚诉讼请求。

经验总结

婚姻当事人之间为离婚达成的协议是一种要式协议,即双方当事人达成离婚合意,只有双方当事人在协议上签名才能使离婚协议生效。双方当事人对财

---

① 本案审理时,适用的是2007年修正的《中华人民共和国民事诉讼法》。之后,《中华人民共和国民事诉讼法》经历了2012年、2017年两次修正,当下施行的是2017年修正的版本。现在对应的条款是《中华人民共和国民事诉讼法》第一百四十二条:"法庭辩论终结,应当依法作出判决。判决前能够调解的,还可以进行调解,调解不成的,应当及时判决。"

产的处理是以达成离婚为前提,虽然已经履行了财产权利的变更手续,但因离婚的前提条件不成立而不能生效。已经变更权利人的财产仍属于夫妻婚姻存续期间的共同财产。

相关法律规定

一、《中华人民共和国民事诉讼法》

第一百四十二条　法庭辩论终结,应当依法作出判决。判决前能够调解的,还可以进行调解,调解不成的,应当及时判决。

二、《中华人民共和国民法典》

第一千零七十九条　夫妻一方要求离婚的,可以由有关组织进行调解或者直接向人民法院提起离婚诉讼。

人民法院审理离婚案件,应当进行调解;如果感情确已破裂,调解无效的,应当准予离婚。

有下列情形之一,调解无效的,应当准予离婚:

(一)重婚或者与他人同居;

(二)实施家庭暴力或者虐待、遗弃家庭成员;

(三)有赌博、吸毒等恶习屡教不改;

(四)因感情不和分居满二年;

(五)其他导致夫妻感情破裂的情形。

一方被宣告失踪,另一方提起离婚诉讼的,应当准予离婚。

经人民法院判决不准离婚后,双方又分居满一年,一方再次提起离婚诉讼的,应当准予离婚。

延伸阅读

双方当事人在离婚前的财产如何处理?

本案的离婚协议属于婚内离婚协议。所谓婚内离婚协议,是指男女双方在婚姻关系存续期间,以解除婚姻关系为基本目的,并就财产分割及子女抚养问题达成的协议。婚内离婚协议是以双方协议离婚为前提,一方或者双方为了达到离婚的目的,可能在子女抚养、财产分割等方面作出有条件的让步。在双方未能在婚姻登记机关登记离婚的情况下,该协议没有生效,对双方当事人均不产生法律约束力,其中关于子女抚养、财产分割的约定,不能当然地作为人民法院处理离婚案件的直接依据。原告与被告在协议离婚过程中,经双方协商对财产分割进行处理,是双方的真实意思表示,并且已经进行了变更登记,但由于被告并未在离婚协议上签名,便达不到离婚协议的成立要件,因此,该婚内协议无效,同时按该协议所进行的履行行为视为无效。虽然《土地使用证》范围内的土地使用权变更在被告名下,但该土地使用权还是原告和被告婚姻关系存续期间的共同财产,与原来登记在莫某飞名下的性质是一样的。

第二章
房屋土地

| 第一节 |
土地纠纷

一、宅基地纠纷

裁|判|要|旨

　　宅基地使用权办理变更登记应当由转让和受让宅基地使用权的当事人完成；不办理登记则不发生宅基地使用权转让的法律效力，更不能对抗第三人。

案|例|简|介①

　　冯某的宅基地与魏某的宅基地相邻，冯某的宅基地位于西边，魏某的宅基地位于东边。两块宅基地的宽度均为 8 米，长 16 米，面积均为 128 平方米。冯某与魏某也均于 1996 年 2 月 12 日分别取得县土地管理局颁发的宅基地土地证书。1999 年 5 月 6 日，冯某与魏某经协商签订了一份《宅基地调换位置协议书》，该协议书约定冯某与魏某双方互换调整宅基地位置，即原来冯某位于西面的宅基地与魏某位于东面的宅基地互换位置，双方所持的土地使用证书中的土地尺寸不变，协议签订后的任何一方不得后悔，否则承担全部经济责任。

　　2001 年 9 月 18 日，冯某在尚未办理宅基地使用权变更登记手续时便在换得的魏某宅基地的位置上动工建楼房。至同年 12 月，冯某建起了一幢四层半高、建筑面积 576 平方米的楼房。在冯某建房的过程中，魏某知道但未提出异议。

　　2002 年 4 月 27 日，魏某以双方换地尚未办理正式过户手续，冯某侵占其宅基地为由向法院提起诉讼，要求冯某退出侵占的 128 平方米宅基地，恢复原状。在庭审中魏某变更诉讼请求，要求冯某赔偿其该购地款 15 万元及其利息。冯某和魏某在庭审中均承认没有办理换地权属变更登记手续的原因是当时法律

---

　　① 该案例来源于网络。

意识不强。

对于本案，一审人民法院认为，双方虽合法拥有宅基地并同意互相交换，双方所签协议有效，遂判决根据《中华人民共和国土地管理法》①的有关规定，双方应到土地管理部门办理土地权属变更手续。冯某不服，上诉至中级人民法院。二审人民法院认为，双方各自拥有宅基地，双方经协商互换宅基地是真实的意思表示，其行为未损害国家、集体或他人的合法权益，故双方所签协议有效，应依约履行，并到有关部门办理土地权属变更手续。遂判决双方的换地行为有效，双方应在本判决生效之日起1个月内到所在县土地管理局办理各自宅基地使用权的权属变更手续。

魏某不服，向中级人民法院申请再审，法院再审认为，双方签订调换宅基地使用权位置后，在一审法庭辩论终结前仍未办理变更批准登记手续，违反了《中华人民共和国民法通则》②第五十五条、第五十八条和《中华人民共和国经济合同法》③第七条、《中华人民共和国合同法》④第四十四条、第五十二条等法律、法规的强制性规定，因此，双方所签协议未生效。冯某在未办理权属变更登记手续的情况下在魏某的宅基地上建楼房，侵害了其宅基地使用权，构成民事侵权，双方都存在过错，并判决撤销变更了一、二审民事判决。

冯某不服再审判决，向省人民检察院申诉。海南省高级人民法院提审本案。海南省高级人民法院审理认为我国法律对一部分特殊合同作出了须经审批、登记后方能生效的规定，但本案中的换地协议不属于该类合同，是无须办理批准、登记手续即可生效的合同。根据合同法第三十二条及《最高人民法院关于适用〈中华人民共和国合同法〉若干问题的解释（一）》第九条第一款的规定，换地协议已经生效，双方应严格履行合同，不仅完成宅基地实际意义上的交付，而且完成宅基地法律意义上的交付。原再审判决对法律理解错误，认定事实错误，应予纠正。抗诉机关抗诉理由成立，予以支持。遂作出民事判决维持中级人民法院的二审终审判决。

---

① 该案例适用的是1998年修订的《中华人民共和国土地管理法》。
② 该案例适用的是1986年颁布的《中华人民共和国民法通则》。
③ 该法规现已失效。
④ 《中华人民共和国合同法》于1999年10月1日起实施，将于2021年1月1日《中华人民共和国民法典》施行起废止。

经验总结

1.增强法律意识,遵循法定程序。宅基地使用权的转让,应当办理变更登记。不动产物权登记,自登记机构将不动产物权有关事项记载于不动产登记簿时,始告完成,不办理登记不发生宅基地使用权转让的法律效力。办理变更登记时,应当由转让和受让宅基地的当事人完成。本案中,应当由冯某和魏某去办理宅基地转让登记。

2.签订合同,你情我愿。当事人双方订立合同,应当遵循平等自愿的原则,且应当基于真实的意思表示。若双方都具有订立合同相对应的权利能力且对所处分之物拥有处分权,合同内容没有违反法律的强行性规定的话,不宜将合同认定为无效合同。本案中魏某、冯某对各自的宅基地都合法拥有使用权和处置权,双方经过协商并签订协议书将各自合法拥有的宅基地使用权互换是双方自行处置民事权利的行为,且是真实的意思表示,其签订的协议是有效协议。

相关法律规定

一、《中华人民共和国民法典》

第二百零八条　不动产物权的设立、变更、转让和消灭,应当依照法律规定登记。动产物权的设立和转让,应当依照法律规定交付。

第三百六十五条　已经登记的宅基地使用权转让或者消灭的,应当及时办理变更登记或者注销登记。

二、《中华人民共和国土地管理法实施条例》

第六条　依法改变土地所有权、使用权的,因依法转让地上建筑物、构筑物等附着物导致土地使用权转移的,必须向土地所在地的县级以上人民政府土地行政主管部门提出土地变更登记申请,由原土地登记机关依法进行土地所有权、使用权变更登记。土地所有权、使用权的变更,自变更登记之日起生效。

依法改变土地用途的,必须持批准文件,向土地所在地的县级以上人民政府土地行政主管部门提出土地变更登记申请,由原土地登记机关依法进行变更登记。

延伸阅读

1.宅基地使用权

宅基地使用权目前在我国主要是指农村宅基地使用权。《中华人民共和国土地管理法》（简称《土地管理法》）第九条第二款规定："农村和城市郊区的土地，除由法律规定属于国家所有的以外，属于农民集体所有；宅基地和自留地、自留山，属于农民集体所有。"《中华人民共和国物权法》第一百五十二条规定："宅基地使用权人依法对集体所有的土地享有占有和使用的权利，有权依法利用该土地建造住宅及其附属设施。"《土地管理法》第六十二条第五款规定："农村村民出卖、出租、赠与住宅后，再申请宅基地的，不予批准。"从上述规定可以看出：第一，宅基地的所有权归集体；第二，宅基地使用权人依法享有对宅基地的占有权，权利人只有在占有宅基地基础之上，才能够实际利用宅基地建造住宅；第三，农村住宅所有权流转是受限制的，即只能向本集体经济组织内部成员转让。尽管宅基地使用权本身不可以转让，但可以随着住宅一同转让。

2.关于农村村民未经批准，擅自占地建房，应当承担怎样的法律责任？

《土地管理法》第四条规定，我国实行土地用途管制制度。国家编制土地利用总体规划，规定土地用途，将土地分为农用地、建设用地和未利用地。严格限制农用地转为建设用地，控制建设用地总量，特殊保护耕地。使用土地的单位和个人必须严格按照土地利用总体规划确定的用途使用土地。《土地管理法》第九条明确规定了农村宅基地的所有权属性。该法第六十二条明确了宅基地的来源必须是本集体经济组织内集体所有的土地。因此，《土地管理法》对应的法律责任条款第七十八条"农村村民未经批准或者采取欺骗手段骗取批准，非法占用土地建住宅的，由县级以上人民政府农业农村主管部门责令退还非法占用的土地，限期拆除在非法占用的土地上新建的房屋"中，其非法占用的土地只能是本村集体所有的土地。换句话说，适用《土地管理法》第七十八条规定处罚农村村民违法建房必须同时具备两个法定条件：第一，违法建房者必须是本村村民；第二，占用的是本村集体所有的土地。如果当事人不能同时具备以上条件的话，比如违法建房者是农村村民，但占用的不是本村集体所有的土地，其行为违反了《土地管理法》第六十二条"农村村民一户只能拥有一处宅基地"的规定以及该法第二条"任何单位和个人不得侵占、买卖或者以其他形式非法转让土地"的规定,应按非法侵占土地定性,根据《土地管理法》第七十七条的规定予以处理。

3. 农民可以在自留地、承包地上建设住宅吗?

《土地管理法》第三十七条规定:"非农业建设必须节约使用土地,可以利用荒地的,不得占用耕地;可以利用劣地的,不得占用好地。禁止占用耕地建窑、建坟或者擅自在耕地上建房、挖砂、采石、采矿、取土⋯⋯"根据此条规定,在承包的耕地上建房显然是为法律所明文禁止的。农村集体发包给农民的耕地,所有权属于农村集体,农民在合同规定的承包期内,必须按照合同约定的用途使用土地,不得随意更改。如果要改变土地用途,例如将耕地用于建房等非农建设的,必须经过严格的农用地转非手续,否则为违法行为。

二、征地补偿纠纷

🔨 裁|判|要|旨

村集体经济所得收益的使用等涉及村民利益的事项以及村民会议认为应当由村民会议讨论决定的涉及村民利益的其他事项,村民委员会必须提请村民会议讨论决定,方可办理。村民自治章程、村规民约以及村民会议或者村民代表讨论决定的事项不得与宪法、法律、法规和国家的政策相抵触,不得有侵犯村民的人身权利、民主权利和合法财产权利的内容。

📦 案|例|简|介①

原告郑某原系河北省某县农民,1981 年 12 月 31 日与被告北京市昌平区西沙屯村村民张某登记结婚,同年 12 月 31 日户口迁至该村,1997 年 7 月 14 日离婚。原告在村里没有住房。

---

① 聚法网. 2009 年昌民初字第 01364 号判决书:郑某与北京市昌平区沙河镇西沙屯村民委员会侵犯集体经济组织成员权益纠纷一审民事判决书(有删改)。

2008年7月13日,西沙屯村村委会制定的《西沙屯关于研发基地征占土地补偿款发放方案》中载明对土地及地上物补偿金9695.1885万元进行分配,此次分配以2008年2月1日为基准日,分配方法是:(1)提出部分资金按农龄分配给婚姻外嫁人员;(2)提出部分资金奖励给村在册农业户口独生子女的父母;(3)按实际分配总额的50%,按农龄分配给村在册的户口人员;(4)按实际分配总额的35%,平均分配给2007年核实的确权确利人员;(5)按实际分配总额的15%,平均分配给村在册的农业户口人员;(6)农龄界定1956年1月1日至2008年2月1日。

西沙屯村村委会制定方案后,进行了入户征求意见活动,活动中应发方案591份,收回方案499份。据统计,方案(1)至(5)的村民支持率都超过了80%,另在回收票数中有306户意见认为空挂户不享受分配,占实收回票数的61.32%。

2008年9月28日,西沙屯村村委会向户口所在村的全体村民发放土地确利款、独生子女款、农龄款、村民农业人口款时,以原告离婚为由,拒绝给其发放上述款项。原告认为其作为被告集体组织成员,应当享受和村民同样的待遇,西沙屯村村委会的行为严重侵犯了原告的合法权益,遂向法院提起诉讼,请求:(1)判令被告给付土地确利款20514.3元、农龄款23733元、独生子女款5000元、农业人口款9566.5元;(2)诉讼费由被告承担。

被告西沙屯村委会辩称:原告陈述的各项补偿金额属实。被告在发放补偿款之前征求了村民意见,由于原告属于空挂户人员,多数农户代表不同意给原告分钱,故被告不同意原告的诉讼请求。

受案法院认为,原告郑某作为西沙屯村的村民,应享受与其他村民同等的待遇。被告根据入户调查唱票结果决定不予发放原告应该享受的土地补偿款,侵犯了原告的合法权益。原告要求被告给付相应补偿款的请求,理由正当,证据充分,应予以支持。最后判决:(1)被告西沙屯村民委员会于判决生效后7日内给付原告郑某土地确利款20514.3元、农龄款23733元、独生子女奖励款5000元及农业人口款9566.5元;(2)案件受理费635元,由被告承担。

经验总结

1.农村集体经济组织应当正确认定本组织成员资格。农村集体经济组织在分配本村土地征收补偿费时,应当综合考虑以下几方面来认定本集体经济组织成员资格:(1)须以合法取得本村户籍为前提条件;(2)以从事农业生产为主要生活来源;(3)必须在本村有居所并与集体经济组织保持稳定的成员关系;(4)为集体经济组织的财产积累或者经济发展尽过一定义务。此外,还要考虑到特殊人群的分配利益,比如,一些人原本属本集体成员,但由于法律或者政策等原因,其户籍或者居所暂时不在本集体组织,将来可能要返回该集体组织的人。

2.村(居)民委员会、农村集体经济组织应当正确履行职责。村(居)民委员会、农村集体经济组织的征地补偿费用应当用于被征地农民生产生活安置,不得挪作他用,其管理、使用、分配方案应当符合计划生育、妇女儿童权益保护、社会保障等法律法规的规定,并按照《中华人民共和国村民委员会组织法》,由村民会议讨论通过后实施,并报乡、民族乡、镇的人民政府备案。

相关法律规定

《中华人民共和国村民委员会组织法》

第二十七条　村民会议可以制定和修改村民自治章程、村规民约,并报乡、民族乡、镇的人民政府备案。

村民自治章程、村规民约以及村民会议或者村民代表会议的决定不得与宪法、法律、法规和国家的政策相抵触,不得有侵犯村民的人身权利、民主权利和合法财产权利的内容。

村民自治章程、村规民约以及村民会议或者村民代表会议的决定违反前款规定的,由乡、民族乡、镇的人民政府责令改正。

延伸阅读

1. 什么是土地征收？

土地征收是指国家为了公共利益的需要，通过行政主体利用国家强制力，按照法律规定的程序，将一定范围的集体土地所有权强制转为国家所有，并依法给予相应补偿的一种法律行为。土地征收是在社会主义公有制基础上的土地所有权转移，土地征收的对象只限于集体所有的土地，已经属于国家所有的土地不存在征收问题。

2. 如何计算征收农村集体土地补偿费和安置补助费？

关于土地征收的补偿标准，主要见于《土地管理法》的规定：

2019 年修订的《土地管理法》第四十八条规定：征收土地应当给予公平、合理的补偿，保障被征地农民原有生活水平不降低、长远生计有保障。征收土地应当依法及时足额支付土地补偿费、安置补助费以及农村村民住宅、其他地上附着物和青苗等的补偿费用，并安排被征地农民的社会保障费用。征收农用地的土地补偿费、安置补助费标准由省、自治区、直辖市通过制定公布区片综合地价确定。制定区片综合地价应当综合考虑土地原用途、土地资源条件、土地产值、土地区位、土地供求关系、人口以及经济社会发展水平等因素，并至少每三年调整或者重新公布一次。征收农用地以外的其他土地、地上附着物和青苗等的补偿标准，由省、自治区、直辖市制定。对其中的农村村民住宅，应当按照先补偿后搬迁、居住条件有改善的原则，尊重农村村民意愿，采取重新安排宅基地建房、提供安置房或者货币补偿等方式给予公平、合理的补偿，并对因征收造成的搬迁、临时安置等费用予以补偿，保障农村村民居住的权利和合法的住房财产权益。县级以上地方人民政府应当将被征地农民纳入相应的养老等社会保障体系。被征地农民的社会保障费用主要用于符合条件的被征地农民的养老保险等社会保险缴费补贴。被征地农民社会保障费用的筹集、管理和使用办法，由省、自治区、直辖市制定。

三、土地流转纠纷

裁判要旨

通过家庭承包取得的土地承包经营权可以依法采取转包、出租、互换、转让或者其他方式流转。流转的收益归承包方所有,任何组织和个人不得擅自截留、扣缴。订立的有效的土地承包经营权流转合同,应当得到切实履行。

案例简介①

2006 年 3 月 6 日,原告刘某与被告西台村经济合作社签订土地承包经营权流转合同,主要约定:原告将其承包的 1.785 亩(约 1190 平方米)口粮田流转予被告西台村经济合作社;流转期限自 2007 年 1 月 1 日始至 2027 年 12 月 31 日止;西台村经济合作社按照每亩 2500 元的价格一次性支付给原告土地流转补偿款共计 93712.5 元。合同签订后,原告、被告双方依约履行了交付以及支付合同规定土地流转价款的义务。2008 年 9 月 2 日,被告西台村经济合作社(甲方)又与原告(乙方)签订协议书,约定如下:对于已流转用于集体开发的土地,一律按 2008 年流转土地价格标准(每亩地 3500 元),按已签土地流转面积、年限补发(每亩地每年补 1500 元,年限 21 年);补发土地流转金于 2008 年 12 月 31 日前全额兑现给已流转土地户乙方;协议自签订之日起生效。被告中天恒石公司在合同尾部的担保人一栏盖章。后被告西台村经济合作社未向原告发放流转款,被告中天恒石公司亦未履行担保责任。

原告刘某于 2009 年 2 月 11 日诉至人民法院,要求被告西台村经济合作社给付土地流转价款 56227.5 元,被告中天恒石公司对前述欠款承担连带保证责任。

被告西台村经济合作社答辩称:尚欠原告刘某流转价款的事实属实,我方对原告主张的数额亦无异议,同意按照协议约定支付补发的土地流转款。

---

① 聚法网.(2009)怀民初字第 01109 号判决书:刘某诉北京市怀柔区九渡河镇西台村经济合作社等农业承包合同纠纷一审民事判决书(有删改)。

被告中天恒石公司答辩称：原告刘某所述流转的事实属实，我公司系与被告西台村经济合作社合作开发所接收的流转土地，但我公司已将土地流转款支付给了西台村经济合作社，应由西台村经济合作社将土地流转款支付给原告。因此，我公司不应再承担保证责任。

在本案中，被告西台村经济合作社已于 2008 年 9 月 2 日与原告签订协议书，对补发流转价款的金额及给付期限予以确定，即应依约及时足额支付流转价款，而不应拖欠。被告中天恒石公司在保证人一栏进行签章，其提供保证责任的对象明确。尽管合同当事人未对保证方式及保证范围进行约定，但原告与被告中天恒石公司之间的保证担保合同关系成立，被告中天恒石公司应按照连带责任保证对全部债务承担保证责任；其在主债务人不能依约偿还时，理应依债权人之主张承担连带保证的还款责任。

最后，受案法院于 2009 年 3 月根据《中华人民共和国合同法》第六十条、《中华人民共和国农村土地承包法》第十六条第一项、《最高人民法院关于审理涉及农村土地承包纠纷案件适用法律问题的解释》第十八条第一款、《中华人民共和国担保法》第十九条、第二十一条之规定，作出如下判决：（1）被告西台村经济合作社于本判决生效后 10 日内给付原告刘某流转价款 56227.5 元；（2）被告中天恒石公司对前述第一项承担连带保证责任；（3）被告中天恒石公司承担保证责任后，有权向被告西台村经济合作社进行追偿。

经验总结

1. 在土地承包经营权流转时，可以要求其他承包方设立担保。《中华人民共和国农村土地承包法》允许通过招标、拍卖、公开协商等方式取得的土地承包经营权依法采取转让、出租、入股、抵押或者其他方式流转，那么，当事人可以通过设立担保保障自己利益的实现。从制度和现实角度看，可以采取的担保方式主要包括保证和抵押两种。本案中，原告与被告中天恒石公司之间成立保证担保合同关系，被告中天恒石公司在主债务人西台村经济合作社不能依约偿还债务时，应当依债权人主张承担连带保证的还款责任。

2. 关于保证合同的成立。在本案中，被告中天恒石公司在流转合同的担保人一栏中盖章，就与原告成立了保证担保合同关系，法院对此的判决是毫无问题的。《中华人民共和国担保法》规定，保证人与债权人应当以书面形式订立保证合同。《最高人民法院关于适用〈中华人民共和国担保法〉若干问题的解释》

第二十二条规定,第三人单方以书面形式向债权人出具担保书,债权人接受且未提出异议的,保证合同成立。主合同中虽然没有保证条款,但是,保证人在主合同上以保证人的身份签字或者盖章的,保证合同成立。

相关法律规定

一、《中华人民共和国农村土地承包法》

第十七条 承包方享有下列权利:

(一)依法享有承包地使用、收益的权利,有权自主组织生产经营和处置产品;

(二)依法互换、转让土地承包经营权;

(三)依法流转土地经营权;

(四)承包地被依法征收、征用、占用的,有权依法获得相应的补偿;

(五)法律、行政法规规定的其他权利。

第三十六条 承包方可以自主决定依法采取出租(转包)、入股或者其他方式向他人流转土地经营权,并向发包方备案。

第三十九条 土地经营权流转的价款,应当由当事人双方协商确定。流转的收益归承包方所有,任何组织和个人不得擅自截留、扣缴。

二、《最高人民法院关于审理涉及农村土地承包纠纷案件适用法律问题的解释》

第十八条 发包方或者其他组织、个人擅自截留、扣缴承包收益或者土地承包经营权流转收益,承包方请求返还的,应予支持。

发包方或者其他组织、个人主张抵销的,不予支持。

三、《中华人民共和国民法典》

第六百八十六条 保证的方式包括一般保证和连带责任保证。

当事人在保证合同中对保证方式没有约定或者约定不明确的,按照一般保证承担保证责任。

第三百八十九条 担保物权的担保范围包括主债权及其利息、违约金、损害赔偿金、保管担保财产和实现担保物权的费用。当事人另有约定的,按照其约定。

延伸阅读

1.农村土地承包经营权流转的程序

要想完成农村土地承包经营权的合法流转,根据我国法律规定,应当符合以下条件:

(1)土地承包经营权的流转应当遵循平等协商、自愿的原则。任何组织和个人强迫进行土地承包经营权流转的,该流转无效。

(2)流转不应当改变土地所有权的性质和土地的农业用途。

(3)流转的期限不能超过承包期的剩余期限,超过部分应属无效。

(4)受让方应具有农业经营能力。

(5)在同等条件下,流转应当考虑集体经济组织成员的优先权。《最高人民法院关于审理涉及农村土地承包纠纷案件适用法律问题的解释》规定,在土地承包经营权流转中,本集体经济组织成员在流转价款、流转期限等主要内容相同的条件下,在法定的期限内主张优先权的,应予支持。

(6)流转双方应当就土地经营权的流转签订书面合同。

(7)采取转让方式流转的,应当经发包方同意;采取转包、出租、互换或者其他方式流转的,应当报发包方备案。

2.农村土地承包经营权的流转有哪些形式?

承包方依法取得的农村土地承包经营权可以采取转包、出租、互换、转让或者其他符合有关法律和国家政策规定的方式流转。

转让是指承包方有稳定的非农职业或者有稳定的收入来源,经承包方申请和发包方同意,将部分或全部土地承包经营权让渡给其他从事农业生产经营的农户,由其履行相应土地承包合同的权利和义务。转让后原土地承包关系自行终止,原承包方承包期内的土地承包经营权部分或全部灭失。

转包是指承包方将部分或全部土地承包经营权以一定期限转给同一集体经济组织的其他农户从事农业生产经营。转包后原土地承包关系不变,原承包方继续履行原土地承包合同规定的权利和义务。接包方按转包时约定的条件对转包方负责。承包方将土地交给他人代耕不足一年的除外。

互换是指承包方之间为方便耕作或者各自需要,对属于同一集体经济组织的承包地块进行交换,同时交换相应的土地承包经营权。

入股是指实行家庭承包方式的承包方之间为发展农业经济,将土地承包经营权作为股权,自愿联合从事农业合作生产经营;其他承包方式的承包方将土地承包经营权量化为股权,入股组成股份公司或者合作社等,从事农业生产经营。

出租是指承包方将部分或者全部土地承包经营权以一定期限租赁给他人从事农业生产经营。出租后原土地承包关系不变,原承包方继续履行原土地承包合同规定的权利和义务。承租方按出租时约定的条件对承包方负责。

另外,根据《中华人民共和国农村土地承包法》第三十二条(林地承包的承包人死亡,其继承人可以在承包期内继续承包)的规定,继承也是家庭承包的土地承包经营权流转方式。

第二节
房屋纠纷

一、农村建房问题

裁判要旨

依法成立的合同受法律保护,对当事人具有法律约束力,当事人应当按照约定履行自己的义务。在建房施工合同中,对于因施工工艺存在问题而给建房人造成的损失,施工人应当承担责任。在法院作出判决前,当事人未能提供证据或者证据不足以证明其事实主张的,由负有举证证明责任的当事人承担不利的后果。

案例简介①

2016年8月,芮某与白某口头协议由白某承包其房屋的拆旧建新工程,约定按每个工人每天160元的标准向白某支付工程款。同时,芮某与顺广通达公司协议,由顺广通达公司为其供应混凝土。现工程已施工完毕,涉案房屋的北

---

① 中国裁判文书网.(2018)京03民终6394号判决书:白某等与芮某农村建房施工合同纠纷二审民事判决书(有删改)。

正房屋顶出现漏雨的情况，漏雨屋顶的面积约为 120 平方米，芮某诉至法院要求白某、顺广通达公司承担屋顶修复费用，请求法院判令白某、顺广通达公司承担屋顶修复材料费、人工费各 5000 元。

一审法院认为，依法成立的合同受法律保护，对当事人具有法律约束力，当事人应当按照约定履行自己的义务。本案中，芮某与白某双方形成的口头农村建房施工合同、芮某与顺广通达公司形成的混凝土买卖合同均系各方真实意思表示，且不违反法律、行政法规的强制性规定，当属合法有效合同，各方应遵照执行。对于出现屋顶漏雨的情况，芮某主张漏雨原因之一系顺广通达公司提供的混凝土含泥量过高导致，但也并未提供任何证据予以证明，在一审法院作出释明的情况下各方均未申请鉴定，综上，一审法院推定混凝土质量合格，芮某要求顺广通达公司承担屋顶修复费用于法无据，一审法院不予支持。芮某主张漏雨的第二个原因是施工工艺存在问题，白某辩称北房房顶施工时其并不在场，系芮某所指挥，并提供两位证人李某、姜某出庭证明，考虑到两位证人与白某系雇佣关系，且白某亦无其他充足的证据佐证当天其在与芮某协商一致的情况下由芮某指挥施工，芮某对白某主张的上述事实不予认可，故此对其答辩意见一审法院不予采信，白某应承担芮某漏水屋顶的相应修复费用。遂判决白某于判决生效后 10 日内给付芮某屋顶修复材料人工费 3600 元并驳回芮某其他诉讼请求。

白某对一审判决不服，提出上诉，二审法院经审查认为，白某认可芮某的房屋系其带来工人进行施工，故其与芮某之间形成口头建房施工合同关系。据查明的事实，工程施工完毕后，涉案房屋北正房屋顶 120 平方米的面积出现漏雨的情况，白某辩称北房房顶施工时其并不在场，系芮某指挥，并提供两位证人出庭证明，但其该辩称理由不足以构成其不应对涉案房屋质量问题承担责任的合理抗辩，且其一审提供的证人与其系雇佣关系，在白某提供的现有证据不足以证明其与芮某存在由芮某指挥施工的相关约定，亦不足以证明涉案房屋质量问题系由其他原因所致的情形下，一审法院对白某的相应抗辩意见不予采信，并判决其承担芮某屋顶漏水的相应修复费用并无不当。二审法院作出"驳回上诉，维持原判"的终审判决。

◉ 经验总结

1.农村自建房施工应谨慎,做好准备工作。谨慎选择施工队伍,工程施工前应对当地的建筑队伍进行考察,选择有资质、有技术、有施工机械、有施工经验、整体素质好的专业施工队伍。在选择好施工队伍后,双方应签订正式合同,将相关事宜(特别是工程选址、工期、材料与质量要求、工程质量、安全责任、保修期限、争议处理、工程造价结算等)在合同中进行明确约定。

2.无论是建房人还是施工人,在履行合同过程中都应该严格按照合同约定履行自己的义务。与此同时,注意全程跟进工程建设的进度以防止出现纠纷和问题,应当注意保存相应的凭证资料,如合同、施工图纸、签证、验收资料等。如果是重大项目的话建议寻求专业律师的法律支持,全程跟进项目运行。

◉ 相关法律规定

一、《中华人民共和国民法典》

第五百八十二条 履行不符合约定的,应当按照当事人的约定承担违约责任。对违约责任没有约定或者约定不明确,依据本法第五百一十条的规定仍不能确定的,受损害方根据标的的性质以及损失的大小,可以合理选择请求对方承担修理、重作、更换、退货、减少价款或者报酬等违约责任。

二、《中华人民共和国民事诉讼法》

第二百五十三条 被执行人未按判决、裁定和其他法律文书指定的期间履行给付金钱义务的,应当加倍支付迟延履行期间的债务利息。被执行人未按判决、裁定和其他法律文书指定的期间履行其他义务的,应当支付迟延履行金。

◉ 延伸阅读

1.关于农村建房施工合同纠纷的案由如何定性?

关于农村建房施工合同纠纷的案由定性,学界主要存在两种观点:(1)应认定为建设工程合同纠纷;(2)应认定为承揽合同纠纷。根据《中华人民共和国合同法》(简称《合同法》)第二百五十一条的规定,承揽合同是承揽人按照定作人的要求完成工作,交付工作成果,定作人给付报酬的合同。《合同法》第二百六十九条规定,建设工程合同是承包人进行工程建设,发包人支付价款的合同。

《合同法》第十六章对建设工程合同作了特殊规定,第二百八十七条明确该章没有规定的,适用承揽合同的有关规定。有学者认为,立法者将建设工程合同从承揽合同中独立出来,就是考虑到建设工程领域的专业性和安全性的特殊要求,为确保建设工程质量和建设工程安全,才通过制定专门的法律法规予以完善规范,维护建筑市场秩序。因此,将农村建房施工合同认定为建设工程合同符合立法本意。

此外,根据 2011 年 2 月 18 日最高人民法院审判委员会通过的《最高人民法院关于修改〈民事案件案由规定〉的决定》,"农村建房施工合同纠纷"隶属于第四部分"合同、无因管理、不当得利纠纷"中的"建设工程合同纠纷",与建设工程勘察合同纠纷、建设工程设计合同纠纷、建设工程施工合同纠纷、建设工程监理合同纠纷等是并列的。因此,将农村建房施工合同认定为建设工程合同符合《民事案件案由规定》。

在司法裁判中,一般把农村建房合同纠纷认定为农村建房施工合同纠纷,以建设工程合同的标准严格审理。如四川省成都市中级人民法院(2015)成民终字第 3279 号张某某与余某某、刘某农村建房施工合同纠纷案,双方当时签订的是劳务合同,原告方以劳务合同纠纷起诉,要求被告支付劳动报酬,法院主动将案由改为"农村建房施工合同纠纷"。根据司法裁判实践,将农村建房施工合同认定为"建设工程合同纠纷"后,涉及农村建房施工合同的处理就会严格按照有关建设工程合同的法律规定进行。

2.农村房屋建成后发现有质量问题的,如何处理?

农村房屋建成后发现有质量问题的,应当首先查明质量问题产生的具体原因。如果是由于建材的原因,应当向建材供应商主张权利;如果是由于施工方的原因,则应当向施工方主张权利。因此,在建房过程中应当注意保存购买建材等的票据、合同。如果对于房屋质量有特殊要求的,应当在施工合同中特别注明。出现了房屋质量问题,应当及时通过拍照、摄像、公证等方式及时保全证据,为以后通过司法途径寻求救济做好准备。

二、农村房屋拆迁

裁判要旨

行政机关对作出的具体行政行为负有举证责任,应当在收到起诉状副本之日起法定期限内提供作出具体行政行为时的证据,未提供的,应当认定该具体行政行为没有证据,不具有合法性。

案例简介①

原告廖某的房屋位于龙南县龙南镇龙洲村东胜围小组,2011 年被告龙南县人民政府批复同意建设县第一人民医院,廖某的房屋被纳入该建设项目拆迁范围。就拆迁安置补偿事宜,龙南县人民政府工作人员多次与廖某进行协商,但因意见分歧较大未达成协议。2013 年 2 月 27 日,龙南县国土及规划部门将廖某的部分房屋认定为违章建筑,并下达自行拆除违建房屋的通知。同年 3 月,龙南县人民政府在未按照《中华人民共和国行政强制法》的相关规定进行催告、未作出强制执行决定、未告知当事人诉权的情况下,组织相关部门对廖某的违建房屋实施强制拆除,同时对拆迁范围内的合法房屋也进行了部分拆除,导致该房屋丧失正常使用功能。廖某认为龙南县人民政府强制拆除其房屋和毁坏财产的行为严重侵犯其合法权益,遂于 2013 年 7 月向赣州市中级人民法院提起了行政诉讼,请求法院确认龙南县人民政府拆除其房屋的行政行为违法。赣州市中级人民法院将该案移交安远县人民法院审理。安远县人民法院受理案件后,于法定期限内向龙南县人民政府送达了起诉状副本和举证通知书,但其在法定期限内只向法院提供了对廖某违建房屋进行行政处罚的相关证据,没有提供强制拆除房屋行政行为的相关证据和依据。

安远县人民法院认为,本案被告龙南县人民政府在收到起诉状副本和举证通知书后,始终没有提交强制拆除房屋行为的证据,应认定被告强制拆除原告

---

① 中国法院网.廖某耀诉龙南县人民政府房屋强制拆迁案。

房屋的行政行为没有证据,不具有合法性。据此,判决确认龙南县人民政府拆除廖某房屋的行政行为违法。

该判决生效后,廖某于2014年5月向法院提起了行政赔偿诉讼。经安远县人民法院多次协调,最终促使廖某与龙南县人民政府就违法行政行为造成的损失及拆除其全部房屋达成和解协议。廖某撤回起诉,行政纠纷得以实质性解决。

经验总结

1.加强法治观念,行政机关拆除违法建筑,应当依照法定程序。行政机关在依法对违法建筑作出拆除行政决定后,当事人在行政机关决定的期限内不履行义务的,具有行政强制执行权的行政机关应当催告当事人履行义务。经催告,当事人逾期仍不履行行政决定,且无正当理由的,行政机关可以作出强制执行决定并公告,限期让当事人执行拆除。当事人在法定期限内不申请行政复议或提起行政诉讼,仍不拆除的,行政机关可以依法强制拆除。

2.农民遇到行政机关强制拆迁时切忌以暴制暴,要及时沟通、谈判,或是诉诸法院。要注意留存强拆现场的照片、录音、录像等证据,并准备好房屋的相关产权证明、拆迁公告等文件,咨询专业人士,运用行政诉讼等相关法律途经来维护自己的合法权益。

相关法律规定

一、《中华人民共和国行政强制法》

第三十五条 行政机关作出强制执行决定前,应当事先催告当事人履行义务。催告应当以书面形式作出,并载明下列事项:

(一)履行义务的期限;

(二)履行义务的方式;

(三)涉及金钱给付的,应当有明确的金额和给付方式;

(四)当事人依法享有的陈述权和申辩权。

第三十六条 当事人收到催告书后有权进行陈述和申辩。行政机关应当充分听取当事人的意见,对当事人提出的事实、理由和证据,应当进行记录、复核。当事人提出的事实、理由或者证据成立的,行政机关应当采纳。

第三十七条 经催告,当事人逾期仍不履行行政决定,且无正当理由的,行政机关可以作出强制执行决定。

强制执行决定应当以书面形式作出,并载明下列事项:

(一)当事人的姓名或者名称、地址;

(二)强制执行的理由和依据;

(三)强制执行的方式和时间;

(四)申请行政复议或者提起行政诉讼的途径和期限;

(五)行政机关的名称、印章和日期。

在催告期间,对有证据证明有转移或者隐匿财物迹象的,行政机关可以作出立即强制执行决定。

第三十八条 催告书、行政强制执行决定书应当直接送达当事人。当事人拒绝接收或者无法直接送达当事人的,应当依照《中华人民共和国民事诉讼法》的有关规定送达。

第四十四条 对违法的建筑物、构筑物、设施等需要强制拆除的,应当由行政机关予以公告,限期当事人自行拆除。当事人在法定期限内不申请行政复议或者提起行政诉讼,又不拆除的,行政机关可以依法强制拆除。

二、《中华人民共和国行政诉讼法》

第三十四条 被告对作出的行政行为负有举证责任,应当提供作出该行政行为的证据和所依据的规范性文件。

被告不提供或者无正当理由逾期提供证据,视为没有相应证据。但是,被诉行政行为涉及第三人合法权益,第三人提供证据的除外。

第六十七条 人民法院应当在立案之日起五日内,将起诉状副本发送被告。被告应当在收到起诉状副本之日起十五日内向人民法院提交作出行政行为的证据和所依据的规范性文件,并提出答辩状。人民法院应当在收到答辩状之日起五日内,将答辩状副本发送原告。

被告不提出答辩状的,不影响人民法院审理。

延伸阅读

1.合法强拆的主要情形

(1)对于违法建筑物、构筑物和设施,县级以上地方人民政府责成有关部门或者乡、镇人民政府可以依法组织强拆。

（2）对于作出国有土地上房屋征收补偿决定的市、县级人民政府,经人民法院裁定准予组织强拆。

（3）依据《中华人民共和国行政强制法》第三十四条行政机关依法作出行政决定后,当事人在行政机关决定的期限内不履行义务的,具有行政强制执行权的行政机关依照行政机关强制执行程序规定强制执行。

（4）对于违法建筑物、构筑物和设施、在非法占用的土地上新建的建筑物和其他设施、已作出征收补偿决定国有土地上的房屋经过司法诉讼,已有产生法律效力的裁判文书,有管辖权的人民法院可以依法组织强拆。

2.行政审判起着监督政府依法行政、保障公民基本权益的重要职能

即使对于违法建筑的强制拆除,也要严格遵循《中华人民共和国行政强制法》的程序性规定,拆除之前应当先通知相对人自行拆除,在当地张贴公告且不得在夜间拆除。

3.最高人民法院确定以下三种强拆的情况下,当事人可以申请赔偿

违法强拆需赔偿的情形:（1）补偿方案尚未谈妥即被强拆的;（2）行政强拆违法的;（3）施工方等民事主体无强拆权力的。根据《国有土地上房屋征收与补偿条例》的规定,在国有土地上房屋征收过程中,有且仅有市、县级人民政府及其确定的房屋征收部门才具有依法强制拆除合法建筑的职权,建设单位、施工单位等民事主体并无实施强制拆除他人合法房屋的权力。

赔偿应依据现在市场评估价为基准。

4.合法正常的征收程序

进行征收要符合一系列规划,提前纳入市、县级国民经济和社会发展年度计划。拟定征收补偿方案,征求公众意见,并根据意见修改完善补偿方案。市、县级人民政府作出征收决定之后应当及时公告征收补偿方案和行政复议、行政诉讼权利等事项。征收部门组织协商并签订补偿协议,达不成协议的,政府必须作出补偿决定;被征收人对征收决定、补偿决定都可以申请行政复议或提起诉讼。被征收人在法定期限内不申请行政复议也不起诉的,行政机关才可以向人民法院申请强制执行,法院审查后裁定准予强制执行的,市、县级人民政府才能组织实施强制搬迁,搬迁时还应当进行公证、登记保存并妥善保管、移送屋内物品。

5.房屋被征收后的主要维权方式

（1）申请行政复议

申请行政复议应当符合下列条件:

①申请人是认为具体行政行为直接侵犯其合法权益的公民、法人或者其他组织。②有明确的被申请人。③有具体的复议请求和事实根据。④属于申请行政复议的范围。⑤属于受理复议机关的管辖。⑥法律、法规规定的其他条件。

行政复议申请人应自知道行政机关的具体行政行为侵犯其合法权益之日起 60 日内申请行政复议。因不可抗力或其他正当理由耽误法定申请期限的，申请期限自障碍消除之日起继续计算。

（2）提起行政诉讼

公民、法人或者其他组织认为行政机关和行政机关工作人员的具体行政行为侵犯其合法权益，有权依照《中华人民共和国行政诉讼法》向人民法院提起诉讼。

人民法院受理公民、法人或者其他组织提起的认为行政机关侵犯其经营自主权或者农村土地承包经营权、农村土地经营权的诉讼和认为行政机关侵犯其他人身权、财产权等合法权益的诉讼等法律、法规规定可以提起诉讼的行政案件。

法律规定对某些具体行政行为不服，必须要先向作出该行为的机关的上级机关提出复议请求，不服复议决定的，才能向人民法院起诉。而对有些行政行为不服则可以直接向人民法院起诉。

6.诉讼时效问题

行政诉讼法规定的对具体行政行为不服，向人民法院提起诉讼的时效主要有以下四项：

（1）向复议机关申请复议的，复议机关逾期不作决定的，申请人可以在复议期满之日起 15 日内向人民法院起诉。

（2）不服复议决定的，可以在收到复议决定书之日起 15 日内向人民法院起诉。

（3）公民、法人或者其他组织直接向人民法院提起诉讼的，应当自知道或者应当知道作出行政行为之日起六个月内提出。法律另有规定的除外。

（4）公民、法人或者其他组织申请行政机关履行保护其人身权、财产权等合法权益的法定职责，行政机关在接到申请之日起两个月内不履行的，公民、法人或者其他组织可以向人民法院提起诉讼。法律、法规对行政机关履行职责的期限另有规定的，从其规定。

7.如何确定被告人

公民、法人或者其他组织直接向人民法院提起诉讼的，作出行政行为的行政机关是被告。

经复议的案件,复议机关决定维持原行政行为的,作出原行政行为的行政机关和复议机关是共同被告;复议机关改变原行政行为的,复议机关是被告。

三、农村房屋租赁

(一)出租人义务

裁判要旨

房屋出租人对出租房屋依法负有安全保障义务。若出租人未正确履行消防安全管理职责,对出租房屋发生事故的扩大、蔓延负有间接责任的,应认定出租人房屋出租给租赁人使用后,未尽到消防安全管理职责,应当承担相应责任。

案例简介[①]

2003年11月王某与杨家经济合作社签订房屋租赁协议,约定自2004年3月8日起,杨家经济合作社将位于杨家村9组新乡里的两间房屋租给王某。此后,王某一直与家人在该房内经营杂货店(经营食油、大米、饮料、煤气等,未办理营业执照),并在靠东间搭一阁楼居住。2006年6月17日凌晨,由于店内导线短路,引发火灾。两间房屋均被烧毁,王某被烧伤,其妻及两个女儿在火灾中丧生。当地公安局消防大队于2006年7月26日出具火灾原因认定书,认定该起火灾起火部位为西间靠西墙货架部位,起火点是西间西北角,起火原因为店内导线短路,引燃货架等可燃物品,蔓延成灾。同年12月19日作出火灾事故责任书,认定王某作为该杂货店的经营者未正确履行消防安全职责,对该起火灾事故的扩大、蔓延负有间接责任,又于同年12月21日作出火灾事故责任书,认定杨家经济合作社作为杂货店的产权单位,未正确履行消防安全管理职责,对该起火灾事故的扩大、蔓延负有间接责任。施某作为杨家经济合作社的保卫

---

① 聚法网.(2009)浙民终字第65号判决书:王某等与杭州市下城区石桥街道杨家经济合作社等人身损害赔偿纠纷上诉案(有删改)。

科长履行消防安全管理职责不彻底,对造成该起火灾事故负有直接领导责任。

一审法院认为:王某租住的房屋因导线短路,引发火灾。王某在承租屋内经营杂货店三年有余,未办理营业执照,王某一家在该店内居住,并在店内经营、放置易燃物品,火灾发生时王某及其妻采取措施不当,故王某及其妻对造成这次火灾的经济损失应负事故主要责任。杨家经济合作社作为出租房的产权单位,未正确履行消防安全管理职责,对该起火灾事故的扩大、蔓延负有间接责任,王某又未能举证证明本起火灾是因出租房的原有电线短路所致,故杨家经济合作社应承担一定的赔偿责任。

王某对一审判决不服,认为引起事发的阁楼以及电路设施并非自己建造,提出上诉,二审法院对一审判决认定王某搭建阁楼之事实不予确认,对一审判决认定的其他事实予以确认,并重新认定了王某因本次火灾所遭受的损失数额,作出的终审判决对原审判决进行了部分变更。

二审法院认为:"关于本案火灾损失的民事责任问题。首先,杨家经济合作社作为本案房屋的产权人和出租人,对本案房屋依法负有安全保障义务。根据查明事实,本案火灾起火原因为店内导线短路,引燃货架等可燃物品,而王某承租时房屋内的水电设施以及木质货架已经存在,且目前在案证据不能证明系王某铺设的阁楼空调电线发生短路引发火灾,故应认定本案房屋在出租时已经存在消防安全隐患。根据下城区公安分局消防大队下公消责〔2006〕第0006号火灾事故责任书,施某作为杨家经济合作社的保卫科长履行消防安全管理职责不彻底,对造成该起火灾事故负有直接领导责任,杨家经济合作社作为产权单位未正确履行消防安全管理职责,对该起火灾事故的扩大、蔓延负有间接责任,应认定杨家经济合作社在将本案房屋出租给王某使用后,未尽到消防安全管理职责。故杨家经济合作社作为产权人和出租人,对本案房屋未尽到安全保障义务,对该起火灾的发生负有过错,对火灾造成的损失应负主要赔偿责任。其次,根据本案房屋租赁合同约定,本案房屋为营业房、商业房,王某作为房屋承租人应当按照合同约定将本案房屋作为营业房使用,但王某于2004年3月8日承租使用后直至2006年6月17日发生火灾,将近三年时间,一直将该房屋作为经营、生活、居住场所,经营杂货店。根据下城区公安分局消防大队下公消责〔2006〕第0005号火灾事故责任书,王某作为杂货店的经营者未正确履行消防安全职责,对该起火灾事故的扩大、蔓延负有间接责任。故王某应对火灾损失的扩大负担次要责任。第三,施某作为杨家经济合作社的保卫科长履行职务行为,其行为后果应由杨家经济合作社承担。上诉人王某、黄某要求施某承担连带赔偿责任,无法律依据,不予支持。综上,依照《中华人民共和国民法通则》第一百零六条第二款、第一百三十一条的规定,本院认定杨家经济合作社应对火灾损失承担70%的赔偿责任,王某应自负火灾损失的30%。一审判决王某及其妻对火灾损失应负事故主要责任不当,应予纠正。”

经验总结

1.承租人谨慎选择房屋,检查房屋的安全性。承租人选择租赁房屋时应当谨慎,看房时认真仔细检查房屋质量以及是否存在潜在的安全风险,遇到有安全风险的房屋不要租赁并及时提醒出租人进行整改。

2.不要只订立“口头”协议。租赁房屋一定要签订租赁合同,而且租赁合同的内容要尽量详细,如明确水电费等各项费用的缴费人、房屋维修费用的承担人、安全保障责任的承担等内容,避免使用模糊语言,防止后续出现法律风险。

3.租赁房屋后,注意安全。租赁房屋后,日常生活中注意用水用电安全,不要违反与出租人的房屋租赁合同中约定的禁止事项。

相关法律规定

一、《最高人民法院关于审理人身损害赔偿案件适用法律若干问题的解释》

第一条　因生命、健康、身体遭受侵害,赔偿权利人起诉请求赔偿义务人赔偿财产损失和精神损害的,人民法院应予受理。

本条所称“赔偿权利人”,是指因侵权行为或者其他致害原因直接遭受人身损害的受害人、依法由受害人承担扶养义务的被扶养人以及死亡受害人的近亲属。

本条所称“赔偿义务人”,是指因自己或者他人的侵权行为以及其他致害原因依法应当承担民事责任的自然人、法人或者其他组织。

第十八条　受害人或者死者近亲属遭受精神损害,赔偿权利人向人民法院请求赔偿精神损害抚慰金的,适用《最高人民法院关于确定民事侵权精神损害赔偿责任若干问题的解释》予以确定。

精神损害抚慰金的请求权,不得让与或者继承。但赔偿义务人已经以书面方式承诺给予金钱赔偿,或者赔偿权利人已经向人民法院起诉的除外。

第十九条　医疗费根据医疗机构出具的医药费、住院费等收款凭证，结合病历和诊断证明等相关证据确定。赔偿义务人对治疗的必要性和合理性有异议的，应当承担相应的举证责任。

医疗费的赔偿数额，按照一审法庭辩论终结前实际发生的数额确定。器官功能恢复训练所必要的康复费、适当的整容费以及其他后续治疗费，赔偿权利人可以待实际发生后另行起诉。但根据医疗证明或者鉴定结论确定必然发生的费用，可以与已经发生的医疗费一并予以赔偿。

第二十条　误工费根据受害人的误工时间和收入状况确定。

误工时间根据受害人接受治疗的医疗机构出具的证明确定。受害人因伤致残持续误工的，误工时间可以计算至定残日前一天。

受害人有固定收入的，误工费按照实际减少的收入计算。受害人无固定收入的，按照其最近三年的平均收入计算；受害人不能举证证明其最近三年的平均收入状况的，可以参照受诉法院所在地相同或者相近行业上一年度职工的平均工资计算。

第二十九条　死亡赔偿金按照受诉法院所在地上一年度城镇居民人均可支配收入或者农村居民人均纯收入标准，按二十年计算。但六十周岁以上的，年龄每增加一岁减少一年；七十五周岁以上的，按五年计算。

二、《最高人民法院关于确定民事侵权精神损害赔偿责任若干问题的解释》

第九条　精神损害抚慰金包括以下方式：

（一）致人残疾的，为残疾赔偿金；

（二）致人死亡的，为死亡赔偿金；

（三）其他损害情形的精神抚慰金。

第十条　精神损害的赔偿数额根据以下因素确定：

（一）侵权人的过错程度，法律另有规定的除外；

（二）侵害的手段、场合、行为方式等具体情节；

（三）侵权行为所造成的后果；

（四）侵权人的获利情况；

（五）侵权人承担责任的经济能力；

（六）受诉法院所在地平均生活水平。

法律、行政法规对残疾赔偿金、死亡赔偿金等有明确规定的，适用法律、行政法规的规定。

三、《中华人民共和国民法典》

第一千一百六十五条　行为人因过错侵害他人民事权益造成损害的,应当承担侵权责任。

依照法律规定推定行为人有过错,其不能证明自己没有过错的,应当承担侵权责任。

第七百零八条　出租人应当按照约定将租赁物交付承租人,并在租赁期限内保持租赁物符合约定的用途。

延伸阅读

1.房屋出租人的安全保障义务

(1)对物的安全保障义务

检查义务。房屋出租人在将房屋交给承租人之前,应对房屋进行检查。通过检查,如果发现自己的房屋存在可能危及他人人身或者财产安全的危险,则应当采取合理地措施防止这种损害的发生,否则,应当对他人承担侵权损害赔偿责任。

维护、修缮义务。《合同法》第二百二十条规定出租人应当履行租赁物的维修义务,但当事人另有约定的除外。可见,房屋出租人不仅要在交付房屋时保证其所交付的房屋符合约定的用途,还要在租赁期间内确保房屋符合约定使用状态。如果房屋在租赁期内发生损坏,影响到承租人对房屋的居住和使用,承租人应承担修缮义务。出租人之修缮义务并非法律上的强制义务,完全可以通过当事人之间的约定而排除。约定不明的,修缮义务由出租人承担。除此之外,房屋需要维修,出租人在收到承租人的通知后未尽维修义务的,承租人可以自行维修,维修费用由房屋出租人承担。

警示义务。我国司法判例普遍认为,如果不动产权人知道或应当知道自己的不动产存在使他人人身或财产遭受损害的异常危险,则他们应当承担警示义务,采取合理的措施提请他人当心所存在的异常危险,否则,不动产权人要为没有尽到合理的警示义务而给他人造成的损失承担侵权责任。

(2)对人的安全保障义务

我国司法实践中,一般倾向于认为出租人承担的安全保障义务仅指物的安全保障义务即确保租赁物不存在危及承租人人身及财产安全的瑕疵,并不包括确保承租人免受第三人侵权行为或犯罪行为损害的义务。但很多法院在处理类似纠纷时都或多或少地借鉴了这样一个规则,即出租人如果可以合理地预见到承租人会遭受他人犯罪行为的侵害,就要对承租人承担安全保障义务。

2. 因房屋质量问题造成承租人人身损害,房屋出租人是否承担责任?

出租人在出租房屋时应当保证房屋质量,确保房屋安全,不能将有重大安全隐患的房屋出租,尤其是不能为收取更多资金而擅自改变房屋结构。因房屋质量问题造成承租人人身损害,房屋出租人是否承担责任应根据不同情况区别对待:若导致承租人人身损害的房屋问题是由出租人的过错所致,出租人要对承租人所受损害承担赔偿责任;若导致承租人人身损害的房屋问题并非是出租人的过错所致,而是承租人的自身过错所致,由承租人自行承担责任;若出租人、承租人都有过错的,根据过错程度各自承担相应责任。

(二)租赁房屋系违章建筑

裁 判 要 旨

出租人就未经批准或者未按照批准内容建设的临时建筑,与承租人订立的租赁合同无效。但在一审法院辩论终结前经主管部门批准建设的,人民法院应当认定有效。

承租人承租的房屋必须是合法建筑,如果租赁房屋本身并非合法建筑,那么在违法性消除之前,租赁合同就是无效合同。

乡村建筑和城镇建筑都受《中华人民共和国城乡规划法》调整,只要违反城乡规划的法律规定,未取得城乡规划许可证,不论租赁房屋在乡村或城镇都属于违法建筑。

案 例 简 介①

1994 年 10 月 1 日,黄花观村委会与张某签订房屋租赁合同,黄花观村委会

---

① 中国裁判文书网.(2014)鲁民申字第 931 号裁定书:张某与莱西市经济技术开发区黄花观村民委员会租赁合同纠纷案(有删改)。

将村办公室南旧房五间租赁给张某,租赁期三十年,租金每年1000元,2011年黄花观村委会与张某协商解除双方签订的租赁合同,因补偿问题协商未果,黄花观村委会诉至法院。本案先后经过了一审、二审、再审。

再审法院认为:第一,关于本案租赁合同的效力问题。1994年10月1日,黄花观村委会与张某签订房屋租赁合同,黄花观村委会将村办公室南旧房五间租赁给张某,租赁期三十年,租金每年1000元,2011年黄花观村委会与张某协商解除双方签订的租赁合同,因补偿问题协商未果,黄花观村委会诉至法院。《最高人民法院关于审理城镇房屋租赁合同纠纷案件具体应用法律若干问题的解释》第三条第一款规定"出租人就未经批准或者未按照批准内容建设的临时建筑,与承租人订立的租赁合同无效。但在一审法院辩论终结前经主管部门批准建设的,人民法院应当认定有效"。本案中,莱西市经济技术开发区土地建设房产局出具证明,证实涉案的房屋无规划许可证、房产证、土地使用证,属临时建筑,该临时建筑自始至终系违章建筑。莱西市经济技术开发区土地建设房产局是管理涉案房屋的政府职能部门,且张某未提交有效证据证明涉案房屋取得了规划许可证、房产证和土地使用证。因乡村建筑和城镇建筑都受《中华人民共和国城乡规划法》调整,只要违反城乡规划法律规定,未取得城乡规划许可证,不论租赁房屋在乡村或城镇都属于违法建筑,因此,原审认定本案的涉案租赁合同无效,并无不当,张某要求继续履行租赁合同,没有事实和法律依据。张某主张涉案房屋是合法建筑,莱西市经济技术开发区土地建设房产局出具的证据是虚假的,要求法院调取涉案房屋的土地和房屋档案,无证据支持,理由不能成立,原审适用法律正确。第二,关于张某的补偿问题。本案的涉案租赁合同无效,张某应当将租赁房屋返还给黄花观村委会,但黄花观村委会在张某租赁期间明知其对房屋进行了修整及扩建,却未表示反对且持续收取租金,原审结合本案实际情况及黄花观村委会的补偿意见,判令黄花观村委会补偿张某15万元,符合本案实际,亦不违反法律规定。张某主张原审判决黄花观村委会对其修整房屋及扩建房屋的损失补偿15万元偏低,没有事实和法律依据。

经验总结

1.租房时,承租人应保持谨慎。承租人要查看出租人是否有房屋产权证的原件或能证明房屋权属状态的凭证,出租人无法提供的,有可能是因未取得合法建设手续而导致。可以通过前往房屋土地管理部门查询等方式,确认房屋性质的基本情况。租赁房屋期间不能对租赁房屋擅自拆、改、扩建。

2.关于租赁合同无效时房屋使用费的确定。具体的房屋使用费标准由法院根据房屋是否符合合同约定的使用条件、诉讼中评估鉴定期限延长的原因（例如承租人申请对房屋装修残值鉴定而延长了诉讼期间）、当事人过错程度（例如出租人若出租的违建房导致承租人无法办理相关证照时,对承租人的正常经营造成不利影响）等因素,酌情确定一定的房屋使用费。

相关法律规定

一、《最高人民法院关于审理城镇房屋租赁合同纠纷案件具体应用法律若干问题的解释》

第三条　出租人就未经批准或者未按照批准内容建设的临时建筑,与承租人订立的租赁合同无效。但在一审法庭辩论终结前经主管部门批准建设的,人民法院应当认定有效。

租赁期限超过临时建筑的使用期限,超过部分无效。但在一审法庭辩论终结前经主管部门批准延长使用期限的,人民法院应当认定延长使用期限内的租赁期间有效。

二、《中华人民共和国城乡规划法》

第四十一条　在乡、村庄规划区内进行乡镇企业、乡村公共设施和公益事业建设的,建设单位或者个人应当向乡、镇人民政府提出申请,由乡、镇人民政府报城市、县人民政府城乡规划主管部门核发乡村建设规划许可证。

在乡、村庄规划区内使用原有宅基地进行农村村民住宅建设的规划管理办法,由省、自治区、直辖市制定。

在乡、村庄规划区内进行乡镇企业、乡村公共设施和公益事业建设以及农村村民住宅建设,不得占用农用地;确需占用农用地的,应当依照《中华人民共和国土地管理法》有关规定办理农用地转用审批手续后,由城市、县人民政府城乡规划主管部门核发乡村建设规划许可证。

建设单位或者个人在取得乡村建设规划许可证后,方可办理用地审批手续。

延|伸|阅|读

1.违章建筑包括哪些情形?

(1)未取得建设工程规划许可证或者未按照建设工程规划许可证的规定建设的房屋。

(2)未经批准或者未按照批准内容建设的临时建筑。

承租人若是以租赁房屋未取得房屋产权证书为由要求确认房屋租赁合同无效的,法院不予支持,但如果无法领取产权证书是因为未取得合法建设手续的则除外。

2.租用的房屋为违章建筑,是否可要求出租方承担违约责任?

如果签订房屋租赁合同时,承租方并不知道该房屋为违章建筑,出租方明知房屋为违章建筑而仍然出租的,因房屋是违章建筑而给承租方带来的损失应由出租方承担。若是承租方租用房屋过程中,因国家政策或规划调整将租赁房屋划入违章建筑,要求拆除,对于当事人来说是不可预见、不能避免也不能克服的,属于不可抗力,承租人多交纳的租金可主张返还,而就违约责任来说,发生不可抗力事故,当事方已尽力采取补救措施但仍未能避免损失的情况下可不负赔偿责任。

(三)租赁房屋遭遇拆迁

裁|判|要|旨

拆迁非住宅房屋对被拆迁人或房屋承租人造成停产、停业时,拆迁人应当支付补助费用。

房屋的承租人使用租赁房屋进行生产经营,房屋拆迁导致其在经营方面有实际损失的,其生产经营收益应当得到保护,损失应当得到补偿。

案例简介①

胡某租赁了中云街道办事处南卧龙村的集体土地,并未经有关行政部门审批在该土地上建设了房屋,房屋没有房产证。2009年9月28日,硕隆公司的法定代表人徐某(乙方)与胡某(甲方)签订了租赁合同,约定乙方租赁甲方上述房屋的一部分,并约定"因不可预知的原因,甲方要提前终止合同,甲方应给付乙方搬家费5000元"。合同签订后,涉案房屋一直由硕隆公司使用。2011年11月14日,中云街道办事处决定对涉案房屋所在地块内的企业进行搬迁,并在发布的企业搬迁补偿实施细则中对经营性补助费的计算标准作出了规定,胡某根据该实施细则获得了相应的补偿并已收取了全部补偿款。本案中,硕隆公司作为原告的诉求是判令胡某支付搬家费及经营性补助费。本案经过了一审、二审、再审。

再审法院认为:关于本案的案由及法律适用问题。经营性补助费是因拆迁非住宅房屋对被拆迁人或房屋承租人造成停产、停业时,拆迁人应当支付的补助费用。涉案拆迁发生在硕隆公司租赁胡某房屋期间,且涉案房屋的经营性补助费已由胡某实际领取,虽然双方未在租赁合同中对硕隆公司主张的经营性补助费作出约定,但硕隆公司作为承租人,对此依法主张权利正是基于其与胡某之间存在房屋租赁的事实,硕隆公司在本案中还基于租赁房屋的事实向胡某主张搬家费用,因此,原审将本案案由定为房屋租赁合同纠纷,对硕隆公司相应的两项诉求进行审理,并无不当。关于涉案经营性补助费的归属,目前虽无明确法律法规规定,双方亦无约定,但原审根据公平原则,结合租赁合同约定的租赁期限、剩余期限及涉案房屋得到的补偿价值、胡某已实际得到补偿的实际情况,酌情认定将涉案房屋相应经营性补助费的50%给付硕隆公司,适用法律亦无不当。关于对调取证据申请的处理问题。经查阅原审卷宗,胡某在二审调查过程中主张其8000多平方米的房屋全部获得了经营性补助费,如果法院去调查,拆迁人可出具相应的证明。但胡某并未向法院提交调取证据的书面申请,况且其主张调查的事实,在法律上与案件基本事实没有关联性,因此,是否向拆迁人调取有关的补偿明细并不影响本案事实的认定,对该项申请理由,再审法院不

---

① 中国裁判文书网.(2013)鲁民申字第1277号裁定书:胡某与青岛硕隆塑料机械有限公司房屋租赁合同纠纷案(有删改)。

予支持。综上,再审法院裁定驳回胡某的再审申请。

经|验|总|结

1. 租赁房屋一定要签订租赁合同,订立租赁合同时,合同的内容要尽量详细,权利义务要尽量划分明确,双方要尽量想到可能产生的违反合同的行为,并在合同中规定相应的违约责任。在本案中,双方约定了因不可预知的原因,出租人要提前终止合同,应给付承租人搬家费的合同条款,这就利于解决面对租赁房屋拆迁时可能带来的争议。

2. 对于房屋可能被拆迁的信息,出租人应该及时告知承租人。如果租赁的房屋被拆迁,租房人应在规定的期限内完成搬迁,但要保留相关的证据,以便搬出之后同拆迁人及出租人协商相关的补偿事宜。

相|关|法|律|规|定

一、《最高人民法院关于审理涉及农村土地承包纠纷案件适用法律问题的解释》

第一条 下列涉及农村土地承包民事纠纷,人民法院应当依法受理:

(一)承包合同纠纷;

(二)承包经营权侵权纠纷;

(三)承包经营权流转纠纷;

(四)承包地征收补偿费用分配纠纷;

(五)承包经营权继承纠纷。

集体经济组织成员因未实际取得土地承包经营权提起民事诉讼的,人民法院应当告知其向有关行政主管部门申请解决。

集体经济组织成员就用于分配的土地补偿费数额提起民事诉讼的,人民法院不予受理。

二、《中华人民共和国土地管理法》

第四十八条 征收土地应当给予公平、合理的补偿,保障被征地农民原有生活水平不降低、长远生计有保障。

征收土地应当依法及时足额支付土地补偿费、安置补助费以及农村村民住宅、其他地上附着物和青苗等的补偿费用,并安排被征地农民的社会保障费用。

征收农用地的土地补偿费、安置补助费标准由省、自治区、直辖市通过制定公布区片综合地价确定。制定区片综合地价应当综合考虑土地原用途、土地资源条件、土地产值、土地区位、土地供求关系、人口以及经济社会发展水平等因素,并至少每三年调整或者重新公布一次。

征收农用地以外的其他土地、地上附着物和青苗等的补偿标准,由省、自治区、直辖市制定。对其中的农村村民住宅,应当按照先补偿后搬迁、居住条件有改善的原则,尊重农村村民意愿,采取重新安排宅基地建房、提供安置房或者货币补偿等方式给予公平、合理的补偿,并对因征收造成的搬迁、临时安置等费用予以补偿,保障农村村民居住的权利和合法的住房财产权益。

县级以上地方人民政府应当将被征地农民纳入相应的养老等社会保障体系。被征地农民的社会保障费用主要用于符合条件的被征地农民的养老保险等社会保险缴费补贴。被征地农民社会保障费用的筹集、管理和使用办法,由省、自治区、直辖市制定。

延|伸|阅|读

1. 用于生产经营的租赁房屋被拆迁时,承租人能否得到补偿?

租赁房屋承租人是被拆迁房屋的真正使用人,其对该房屋具有占有、使用和收益的权利。房屋的承租人使用租赁房屋是用于生产经营的,房屋拆迁会导致其在经营方面受到实际损失,应当保护承租人对租赁房屋享有的权利和其生产经营收益。因此,租赁房屋遭遇拆迁的,承租人能得到补偿。

2. 被拆迁房屋的承租人可以获得的拆迁补偿或补助有哪些?

如果被拆迁房屋为租赁房屋,且被拆迁人与房屋承租人对解除租赁关系又达不成协议的,拆迁人应当对房屋承租人支付搬迁补助费。在过渡期限内,房屋承租人自行安排住处的,拆迁人应当支付临时安置补助费。搬迁补助费和临时安置补助费的标准,由省、自治区、直辖市人民政府规定。因拆迁非住宅房屋造成停产、停业的,拆迁人应当给予适当补偿。

四、农村房屋买卖

裁判要旨

宅基地属于农民集体所有,宅基地使用权是集体经济组织成员享有的权利,农村集体经济组织以外的人不能申请并取得该集体经济组织内的宅基地使用权。

宅基地原则上只能由宅基地使用权人利用,农民的住宅不得向城市居民出售,也不得批准城市居民占用农民集体土地建住宅,有关部门不得为违法建造和购买的住宅发放土地使用证和房产证。

案例简介①

1997 年 3 月 4 日,孙某与闫某签订购房协议,孙某将位于某某号院的房屋(农村房屋)卖给闫某,房款价格为 1.7 万元。签订协议当天,闫某以现金形式一次性向孙某支付了全部购房款,同时,孙某将房屋钥匙、集体土地建设用地使用证和房屋交付给了闫某,后闫某与家人搬到涉案房屋居住,并对房屋进行了翻建和扩建。2016 年,孙某将闫某起诉至人民法院,要求确认双方签订的农村房屋买卖契约无效。法院经审理后,作出(2016)京 0114 民初 4772 号民事判决书,判决孙某与闫某签订的房屋买卖协议无效。判决后,闫某不服,向北京市第一中级人民法院提出上诉,北京市第一中级人民法院审理后作出(2016)京 01 民终 5845 号民事判决书,判决驳回上诉,维持原判。闫某对该判决仍不服,向北京市高级人民法院提起再审申请,北京市高级人民法院审理后作出(2017)京民申 322 号民事裁定书,裁定驳回闫某的再审申请。

法院认为,宅基地属于农民集体所有,宅基地使用权是集体经济组织成员享有的权利,双方签订的房屋买卖契约虽系双方真实意思表示,但双方买卖农村房屋时以及现在,闫某均非昌平区某某镇某某村农民,买卖协议违反了法律、

---

① 聚法网.(2017)京民申 322 号裁定书:闫某农村房屋买卖合同纠纷案(有删改)。

行政法规的强制性规定,应为无效合同。

经│验│总│结

1.宅基地使用权是农村集体经济组织成员享有的权利,与享有者特定的身份相联系,非本集体经济组织成员无权取得或变相取得。在农村房屋买卖合同中,根据"地随房走"的原则,协议在处分涉案房屋的同时亦处分了相应的宅基地使用权。非买卖房屋所在村集体经济组织成员,也未取得《中华人民共和国土地管理法》及《中华人民共和国土地管理法实施细则》规定的集体土地使用权变更登记手续的买房人,其与卖房人签订的房屋买卖协议违反了法律关于禁止农村宅基地使用权违法转让的强制性规定,应认定为无效合同。

2.农民对其合法建造的房屋可以依法取得所有权并进行处分,这是我国法律明确规定的。但依据"房地一体"的原则,对农村房屋的处分实质上是对农村宅基地使用权的转让,而对于宅基地使用权流转的合法性,我国法律规定并不明确。这使得法院在认定农村房屋买卖合同效力时裁判标准不一,所引用的法律条文也各不相同。

3.农村房屋在一定条件下是可以买卖的,但不能随意买卖,限制较多。依据现有的法律规定以及政策导向,在司法实践中,双方为同一集体经济组织内的成员的,可以进行房屋买卖,但是城镇居民购买农村宅基地上建造的房屋是国家法律所禁止的,不同集体经济组织成员之间的房屋买卖,司法实践中大部分也会被认定为合同无效。

相│关│法│律│规│定

一、《中华人民共和国土地管理法》

第六十二条 农村村民一户只能拥有一处宅基地,其宅基地的面积不得超过省、自治区、直辖市规定的标准。

人均土地少,不能保障一户拥有一处宅基地的地区,县级人民政府在充分尊重农村村民意愿的基础上,可以采取措施,按照省、自治区、直辖市规定的标准保障农村村民实现户有所居。

农村村民建住宅,应当符合乡(镇)土地利用总体规划、村庄规划,不得占用永久基本农田,并尽量使用原有的宅基地和村内空闲地。编制乡(镇)土地利用总体规划、村庄规划应当统筹并合理安排宅基地用地,改善农村村民居住环境和条件。

农村村民住宅用地,经乡(镇)人民政府审核批准;其中,涉及占用农用地的,依照本法第四十四条的规定办理审批手续。

农村村民出卖、出租、赠与住宅后,再申请宅基地的,不予批准。

国家允许进城落户的农村村民依法自愿有偿退出宅基地,鼓励农村集体经济组织及其成员盘活利用闲置宅基地和闲置住宅。

国务院农业农村主管部门负责全国农村宅基地改革和管理有关工作。

二、《国务院办公厅关于加强土地转让管理严禁炒卖土地的通知》(国办发〔1999〕39号)

加强对农民集体土地的转让管理,严禁非法占用农民集体土地进行房地产开发。

农民集体土地使用权不得出让、转让或出租用于非农业建设;对符合规划并依法取得建设用地使用权的乡镇企业,因发生破产、兼并等致使土地使用权必须转移的,应当严格依法办理审批手续。

农民的住宅不得向城市居民出售,也不得批准城市居民占用农民集体土地建住宅,有关部门不得为违法建造和购买的住宅发放土地使用证和房产证。

要对未经审批擅自将农民集体土地变为建设用地的情况进行认真清理。凡不符合土地利用总体规划的,要限期恢复农业用途,退还原农民集体土地承包者;符合土地利用总体规划的,必须依法重新办理用地手续。

三、《国务院办公厅关于严格执行有关农村集体建设用地法律和政策的通知》(国办发〔2007〕71号)

农村住宅用地只能分配给本村村民,城镇居民不得到农村购买宅基地、农民住宅或"小产权房"。单位和个人不得非法租用、占用农民集体所有土地搞房地产开发。农村村民一户只能拥有一处宅基地,其面积不得超过省、自治区、直辖市规定的标准。农村村民出卖、出租住房后,再申请宅基地的,不予批准。

四、《第八次全国法院民事商事审判工作会议(民事部分)纪要》

在国家确定的宅基地制度改革试点地区,可以按照国家政策及相关指导意见处理宅基地使用权因抵押担保、转让而产生的纠纷。

在非试点地区,农民将其宅基地上的房屋出售给本集体经济组织以外的个人,该房屋买卖合同认定为无效。合同无效后,买受人请求返还购房款及其利息,以及请求赔偿翻建或者改建成本的,应当综合考虑当事人过错等因素予以确定。

延伸阅读

农村房屋买卖合同效力裁判规则

宅基地系农村集体经济组织无偿提供给本集体成员使用,目的是保障农村村民的基本居住权益,且国家相关政策明令禁止向城镇居民转让宅基地使用权,故城镇居民与农村村民之间的房屋买卖合同一般被认定为无效。

宅基地使用权是农村集体经济组织成员享有的权利,目的是保障本集体经济组织成员的基本居住条件,其他集体经济组织成员无权取得或变相取得。

如果签订合同时不是该集体经济组织的成员,但后来取得了该集体经济组织成员资格的,一般认定合同有效。但是,将户口迁入房屋所在地并不意味着取得该集体经济组织的成员资格。

合同签订者虽然不是该集体经济组织成员,但其配偶系该集体经济组织成员,且转让行为得到村集体同意的,一般认定合同有效。

同一集体经济组织成员之间的房屋买卖合同,一般认定为有效。同一集体经济组织成员之间的房屋买卖和宅基地流转,未损害村集体经济组织和其他村民的利益,且未被我国法律和相关政策所禁止,因此此类情形一般认定合同有效。

第三章
邻里生活

第一节
相邻关系纠纷

裁判要旨

建造建筑物,不得妨碍相邻建筑物的正常使用,不动产权利人改造房屋、利用房屋进行生产经营活动等,不得危及相邻不动产的安全。

案例简介[①]

周某系淮安市清江浦区某楼地下室的使用权人。2019年上半年,被告腾某、陈某将淮安市某大卖场某室内(位于地下室正上方)出租给被告二康浴室用于经营大澡堂。经营期间,二康浴室中的水渗入至原告的地下室中。原告向二康浴室反映后,该浴室多次对防水进行维修,但仍有渗水。

原告周某以排除妨害纠纷为请求,向淮安市清江浦区人民法院提起诉讼,要求被告对澡堂地下做好防水层,直至地下室上方不再漏水,在工程修缮完成之前,被告不得使用场所进行经营。

淮安市清江浦区人民法院经审理认为:不动产的相邻权利人应当按照有利生产、方便生活、团结互助、公平合理的精神,正确处理相邻关系。给相邻方造成妨碍或者损失的,应当停止侵害,排除妨碍,赔偿损失。本案中,被告二康浴室经营的大澡堂系从事洗浴服务的场所,经营中必然产生大量的积水,二康浴室应对浴室的防水进行严格的处理,防止积水渗漏。但根据查明的事实,被告浴室的地面防水层存在缺陷,导致原告的地下室顶部渗漏、滴水。被告应对浴室地面进行防水处理,不再给原告造成妨害。被告腾某、陈某将房屋出租给浴室从事洗浴服务,亦应确保房屋地面防水的安全性。因此,原告要求被告浴室、腾某、陈某对大澡堂地面做好防水层符合法律规定,法院予以支持。被告二康

---

① 中国裁判文书网.(2020)苏0812民初257号判决书:周某与清江浦区二康浴室、腾某等排除妨害纠纷一审民事判决书(有删改)。

浴室发现地面渗水后多次对地面防水进行维修,但并未从根本上将渗水问题解决,二康浴室从事的系洗浴服务,其使用行为必然造成对原告地下室的持续损坏,因此,原告要求被告在大澡堂防水层修复好前不得使用,有事实依据,遂对原告的诉讼请求予以支持。

经验总结

1.认清相邻关系的本质,妥善维护权利。当别人家的树木生长过于繁茂侵入自家住宅时该如何处理?当邻居违反规定加盖楼层或棚顶时又将如何处理?当邻居家的楼顶的水顺着墙缝流入自家时该怎么主张权利?这所有的问题都指向了相邻关系。相邻关系是指两个或者两个以上相互毗邻不动产的所有权人或者使用者在其行使占有、使用、收益、处分等权利的时候发生的权利义务关系。我国相邻关系纠纷自古就有,公民都有在自己的房屋内享有采光、通风、用水等权利,因此,在相邻方可能产生危害自己权益时,若协商后仍然不能避免矛盾和冲突,则应诉诸法律以维护自己的权利。

2.不动产所有者要节制权利,不得损害邻居的合法权益。相邻关系连接的双方既要珍惜双方的邻里关系,更要维持邻里之间和谐的法律关系。相邻的双方应当尊重邻方生产、方便邻方生活,团结互助,在公平合理的权利关系中相互依存。在发生冲突时,应本着邻里之间互谅互让的原则,处理好问题,如果因为权利行使不当等妨碍了他人正常生活、生产的权益,就要承担相应的法律责任。

相关法律规定

《中华人民共和国民法典》

第一百七十九条 承担民事责任的方式主要有:

(一)停止侵害;

(二)排除妨碍;

(三)消除危险;

(四)返还财产;

(五)恢复原状;

(六)修理、重作、更换;

（七）继续履行；

（八）赔偿损失；

（九）支付违约金；

（十）消除影响、恢复名誉；

（十一）赔礼道歉。

法律规定惩罚性赔偿的，依照其规定。

本条规定的承担民事责任的方式，可以单独适用，也可以合并适用。

第二百三十六条　妨害物权或者可能妨害物权的，权利人可以请求排除妨害或者消除危险。

延伸阅读

不动产的相邻权利人之间容易产生的纠纷及处理方式

不动产的相邻权利人之间难免发生纠纷，最常见的就是由于用水、排水、采光、通行等问题引起的纠纷。

不动产的相邻各方，应当按照有利生产、方便生活、团结互助、公平合理的精神，正确处理截水、排水、通行、通风、采光等方面的相邻关系。给相邻方造成妨碍或者损失的，应当停止侵害，排除妨碍，赔偿损失。例如，当相邻人侵犯他人相邻通行权时，应承担相应的民事责任。民事责任的范围包括：停止侵害；排除妨碍；消除危险；返还财产；恢复原状；修理、重作、更换；赔偿损失；支付违约金；消除影响、恢复名誉；赔礼道歉。以上承担民事责任的方式，可以单独适用，也可以合并适用。人民法院审理民事案件，除适用上述规定外，还可以予以训诫、责令具结悔过，收缴进行非法活动的财物和非法所得，并可以依照法律规定处以罚款、拘留。

当然，一方因居住的必要而设置窗户、防盗网等并无不当之处，属于居住生活之必要条件，且已在现有居住条件下尽量减少对相邻一方造成的影响。此时，相邻一方并不违反法律关于相邻权的规定，而另一方应负担合理限度的忍耐义务。

| 第二节 |
邻里间侵权

一、帮工侵权

⚖ 裁|判|要|旨

公民享有生命健康权,因身体遭受损害的受害人可以向赔偿义务人主张承担相应的民事赔偿责任。因此,在具体的义务帮工关系中,若帮工人由于帮工活动遭受人身损害,被帮工人也应承担相应的赔偿责任。

🗄 案|例|简|介①

王某、解某经营啤酒等批发生意。李某与其有业务关系,双方关系较好。2011 年 8 月 19 日上午 8 时许,李某到王某、解某承租的仓库进货(啤酒等)。当时解某也在其租赁的仓库。因几天前刚修好的仓库房屋顶的石棉瓦被风刮起来了,当时李某就站在梯子(当时仓库院内放有梯子)上维修房屋顶。李某先用棍子处理,但没有修理好,然后李某就爬上仓库房屋顶,走了四、五步,一脚踩空从房屋顶摔下。

经多次诊断医治,共花费 122822.47 元。李某受伤后,王某、解某已向李某支付 20000 元。医疗费已经一审法院(2011)明民一初字第 02224 号民事判决处理。一审人民法院认为,事故发生在前日下大雨后,李某应尽到必要的安全注意义务,因疏忽不慎高坠受伤,其本人是有一定责任的,因此李某应自行承担相应责任。从公平原则出发,王某、解某对李某的损失承担 50% 较为适宜,判决

---

① 中国裁判文书网.(2013)滁民一终字第 01426 号判决书:李某与王某、解某义务帮工人受害赔偿、补偿纠纷二审民事判决书(有删改)。

王某、解某赔偿残疾赔偿金、误工费、护理费、营养费、精神抚慰金共 269460.8 元。

一审法院认为,公民享有生命健康权,因身体遭受损害的受害人可以向赔偿义务人主张承担相应的民事赔偿责任。《最高人民法院关于审理人身损害赔偿案件适用法律若干问题的解释》第十四条规定:帮工人因帮工活动遭受人身损害的,被帮工人应当承担赔偿责任。关于本案民事赔偿责任的认定及承担问题。本案中李某在王某、解某承租的仓库因维修屋顶摔下受伤的事实,双方均无异议,解某当时也在现场。解某虽称其拒绝李某帮助其维修租赁的房屋,但没有提供证据证明其明确拒绝李某的义务帮工,也没有提供证据证明其制止李某上仓库房屋顶维修的事实。因此,原、被告双方应被视为义务帮工关系。因此,王某、解某应当共同承担相应的民事责任。王某、解某以否认帮工关系为主要原因提起上诉,并提出李某司法鉴定效力缺失、诉讼时效也已过的辩称。

二审人民法院认为王、解二人的上诉理由没有证据支持,上诉理由不能成立,对其上诉请求不予支持。原判认定事实清楚,适用法律正确,应予维持。

经验总结

1. 义务帮工关系中被帮工人须对受损害的帮工人承担赔偿责任。尽管王、解二人极力辩称李某是经劝阻无效后主动上房维修,但由于证据缺失的问题,二审法院维持了一审法院确认的双方义务帮工关系的证据的认定。根据查明的事实,李某系为王某、解某承租的房屋维修过程中受伤,依据相关法律规定,王某、解某应当对李某的受伤承担相应赔偿责任。至于赔偿责任分摊,原审法院根据本案事发原因以及李某本人的过错程度等因素,确定王某、解某对李某的损失承担 50% 的赔偿责任,较为公平合理。

2. 任何主张的提出都需要依靠证据支持。在民事案件审理过程中,法院认定案情的主要依据是双方当事人提供的证据,王、解二人虽在上诉过程中提出了三项反驳事由,但皆无证据可供考察,法庭审查重证据即为重事实,自然王、解二人的主张得不到法律的支持。

相关法律规定

一、《中华人民共和国民法典》

第五百九十二条 当事人都违反合同的,应当各自承担相应的责任。

当事人一方违约造成对方损失,对方对损失的发生有过错的,可以减少相应的损失赔偿额。

二、《最高人民法院关于审理人身损害赔偿案件适用法律若干问题的解释》

第十四条 帮工人因帮工活动遭受人身损害的,被帮工人应当承担赔偿责任。被帮工人明确拒绝帮工的,不承担赔偿责任;但可以在受益范围内予以适当补偿。

帮工人因第三人侵权遭受人身损害的,由第三人承担赔偿责任。第三人不能确定或者没有赔偿能力的,可以由被帮工人予以适当补偿。

三、《中华人民共和国民事诉讼法》

第六十四条 当事人对自己提出的主张,有责任提供证据。

当事人及其诉讼代理人因客观原因不能自行收集的证据,或者人民法院认为审理案件需要的证据,人民法院应当调查收集。

人民法院应当按照法定程序,全面地、客观地审查核实证据。

第一百七十条 第二审人民法院对上诉案件,经过审理,按照下列情形,分别处理:

(一)原判决、裁定认定事实清楚,适用法律正确的,以判决、裁定方式驳回上诉,维持原判决、裁定;

……

延伸阅读

1.确立帮工纠纷的前提

要成立帮工纠纷,必须首先存在帮工关系,帮工关系往往来源于邻里、亲朋关系,有帮工关系才可能成立帮工纠纷。《中华人民共和国民事诉讼法》第六十四条中规定:"当事人对自己提出的主张,有责任提供证据。"其中包括当事人陈述、书证、物证、视听资料、电子数据、证人证言、鉴定意见等多种证据,而仅具备言词证据的情况下,可能存在证据不足的风险,此时举证一方当事人应当承担举证不能的法律后果,法院可以据此认定帮工关系不存在。

2. 帮工关系中的酬谢与报酬等同吗?如何区分帮工关系和承揽关系?

在日常生活中,我们通常遇到的帮工是义务的、无偿的,但有时候帮工关系之间会存在一些情谊性的酬谢,我们并不能将此类酬谢与雇佣关系、承揽关系中的报酬相等同,仍应认定双方之间为帮工关系。帮工关系中的行为特征特别是无偿性的行为特征,与承揽法律关系不相一致,有无商业上的利益考量并非区分帮工关系与承揽关系的标准。另外,酬谢与报酬的法律概念亦不一致,报酬是法定或者约定的义务,是强制性的,酬谢则是补偿性的,是自愿的。因此,当法律关系符合帮工关系的要件时,应当认定为帮工关系,此时被帮工人才需要根据造成损失的情况承担相应的赔偿责任。

3. 如帮工人强制要求帮工而造成自身损失,被帮工人可以免除责任吗?

根据《最高人民法院关于审理人身损害赔偿案件适用法律若干问题的解释》第十四条"帮工人因帮工活动遭受人身损害的,被帮工人应当承担赔偿责任。被帮工人明确拒绝帮工的,不承担赔偿责任;但可以在受益范围内予以适当补偿",只有当被帮工人明确拒绝帮工时才能构成免责。如果被帮工人明确拒绝而帮工人坚持帮工,则被帮工人对在帮工过程中造成的损害不承担赔偿责任,因为二人的帮工关系实际上不成立。

二、侮辱诽谤

裁 判 要 旨

名誉权是指公民、法人对自身的品德、声望、才能、信用等所获得的社会评价,所享有的保护和维护的人格权。以书面、口头形式宣扬他人的隐私,或者捏造事实公然丑化他人人格,以及用侮辱、诽谤等方式损害他人名誉,造成一定影响的,应当认定为侵害公民名誉权的行为。

案例简介①

　　石某系某公寓第二届业主委员会主任,周某丈夫沈某系该小区第三届业主委员会秘书长。2013年12月12日,周某在公寓一号楼和三号楼底层大厅张贴文字,公然辱骂石某。石某发现周某张贴的上述文字后,于同日18时11分拨打110报案。石某于2014年1月诉至法院,声称周某于2013年12月12日至15日期间多次在小区内一号楼、三号楼底层的大厅内以"莫须有"的事实,用文字形式对石某进行恶意中伤、侮辱的行为造成其名誉受到严重损害,并使得石某在精神上遭受极大痛苦。周某辩称,事实上是由于石某于2013年12月10日在公开场合张贴了致周某丈夫的公开信函诋毁其丈夫,其还带了多人来到周某家门口骚扰,故周某因气愤才书写了上述公开信。

　　一审法院认为,公民、法人享有名誉权,公民的人格尊严受法律保护,禁止用侮辱、诽谤等方式损害公民、法人的名誉。以书面或口头形式侮辱或者诽谤他人,损害他人名誉的,应认定为侵害他人名誉权。本案中,周某虽提供了某公寓业主委员会致小区业主的信函用以证明石某存在擅自动用维修基金粉刷小区外墙的事实,但该信函仅是业委会向业主出具的单方意见,亦未有证据证明石某确实存在上述行为,再考虑到周某丈夫沈某系该业委会秘书长,故原审对此不予认可。周某在未有证据证明的情况下恶意中伤,客观上对石某的人格造成了贬损,降低了石某的社会评价,已构成对石某名誉权的侵害,周某应当承担相应的侵权责任。

　　周某不服提出上诉,认为事发是因被上诉人石某率先诋毁其丈夫名誉,并多次上门进行骚扰,扰乱了上诉人的正常生活。对此上诉人并未提供事实和证据予以证明。

　　二审法院认为,被上诉人石某提供的照片打印件、光盘等证据,足以证明上诉人周某的行为客观上降低了石某的社会评价,已构成对石某名誉权的侵害。最终,二审法院认定上诉人周某的上诉请求缺乏事实和法律依据,法院不予支持。

---

① 中国裁判文书网.(2014)沪一中民一(民)终字第963号判决书:周某诉石某名誉权纠纷一案二审民事判决书(有删改)。

经验总结

1.邻里之间应和睦相处,减少矛盾。上诉人周某与被上诉人石某同为该小区业主,相互间是邻里关系。邻里之间应当和睦相处,互谅互让,遇到矛盾时本着宽容与协商的态度积极解决问题。邻里双方应以此为戒,在今后的相处中珍惜邻里之间的感情,正确处理相邻关系。

2.法律保护公民的人格权。石某在将名誉受损的事实诉诸法院后,法院最终判决周某恢复石某的名誉:在判决生效之日起 15 日内在上海市某公寓一号楼、三号楼底层大厅连续一周公开张贴道歉信,消除影响。此外,侮辱、诽谤他人有可能触及刑事责任,我国刑法规定:以暴力或者其他方法公然侮辱他人或者捏造事实诽谤他人,情节严重的,处三年以下有期徒刑、拘役、管制或者剥夺政治权利。

相关法律规定

一、《中华人民共和国刑法》

第二百四十六条第一款 以暴力或者其他方法公然侮辱他人或者捏造事实诽谤他人,情节严重的,处三年以下有期徒刑、拘役、管制或者剥夺政治权利。

二、《中华人民共和国民法典》

第一千零二十四条第一款 民事主体享有名誉权。任何组织或者个人不得以侮辱、诽谤等方式侵害他人的名誉权。

第一百七十九条 承担民事责任的方式主要有:

(一)停止侵害;

(二)排除妨碍;

(三)消除危险;

(四)返还财产;

(五)恢复原状;

(六)修理、重作、更换;

(七)继续履行;

(八)赔偿损失;

（九）支付违约金；

（十）消除影响、恢复名誉；

（十一）赔礼道歉。

法律规定惩罚性赔偿的，依照其规定。

本条规定的承担民事责任的方式，可以单独适用，也可以合并适用。

延伸阅读

如何认定构成名誉权侵害？

名誉权侵害从字面意思上来说即为侮辱、诽谤他人，造成不良社会影响，而从法律层面来说，判断当事人是否构成名誉权侵害需要考虑以下几点：

首先，被告人须具备主观上的过错。名誉权侵权，适用过错责任。在确定毁损名誉时，原告必须举证证明被告有过错。

其次，要满足"第三人知悉"的散播性。侵权人实施的侮辱、诽谤行为如果并没有传播、扩散出去，实际上并没有给受害人造成实质影响，则不构成侵权。侮辱要求具备"公然性"，诽谤也要求"捏造虚假事实"与"传播"，此种使他人蒙受耻辱的行为，才能构成对名誉权的侵害，由此才能使得行为人承担相应的法律责任。

最后，名誉权侵害意味着公众对其的社会评价受损，但并非社会评价受损就等于产生了侵权事实。例如，媒体出于关注民生、服务百姓为宗旨，对公民的违法行为或者正常的商业纠纷或民事争议进行报道，虽然有时可能会损害到当事人的社会声誉，但媒体作为社会平台，并不以侵害名誉权为宗旨，当其在考虑到隐私保护的基础上对案件进行合法报道时，不属于侵害名誉权的违法范畴。除此之外，公民或法人的名誉仅仅指公众对其的社会评价部分，而非该人或组织的自我评价。因此，行为人的某些行为如果没有造成公民或法人的社会评价降低，则不构成对名誉权的侵害。

三、人身伤害

裁判要旨

我国法律及相关规定保障公民在人身遭受伤害时的获赔权利；邻里双方互相厮打产生的伤害，并非原告和被告的泾渭之分，而应该划分责任、厘清过错，各自承担其应有的责任。

案例简介①

岳某甲及其子岳某乙和赵某均系同社村民。赵某与岳某乙两家平房院子相邻，因后院空地的使用问题多年来素有矛盾。2017 年 5 月 20 日上午 10 时许，岳某乙及其父岳某甲在后院北侧空地上垫土时，与同时在后院东侧垒放地砖的赵某因土地使用问题再次发生争吵。岳某乙扯住赵某的衣领，赵某卡住岳某乙的脖子，相互间发生撕扯。后二人倒地，翻滚并厮打，期间岳某乙致赵某多处受伤，经鉴定为轻伤二级，此案已经永昌县人民法院刑事审判庭处理完毕。在双方发生纠纷的过程中，赵某也将岳某甲致伤。2017 年 5 月 20 日 23 时至 2017 年 5 月 27 日 14 时，岳某甲在永昌县人民医院住院治疗，被诊断为"四肢软组织损伤"，支付医疗费 2165.31 元，交通费 180 元。2017 年 8 月 21 日，岳某甲的伤情经甘肃省永昌公安司法鉴定中心鉴定为轻微伤。

一审法院认定了被告人岳某乙的伤害事实，并赔偿附带民事诉讼原告人赵某因伤造成的各项经济损失共计 32200.62 元，限于判决生效后 10 日内履行。

一审法院认为，本案中，赵某因后院空地使用问题与岳某甲、岳某乙发生争吵，期间将岳某甲致伤，其行为违法，具有过错，应当赔偿因此给岳某甲造成的经济损失。岳某甲在纠纷发生时未保持冷静，反而积极参与其中，也有一定过错，应承担相应的责任，依法可减轻赵某的责任。判决赵某赔偿岳某甲因受伤造成的经济损失的 80%。

---

① 中国裁判文书网.(2019)甘民申 1908 号裁定书：岳某甲与赵某生命权、健康权、身体权纠纷案(有删改)。

　　赵某认为自身没有过错，不服民事一审判决，提起上诉。二审法院认为，岳某甲作为该纠纷的参与者，在民事纠纷中，参照其子岳某乙与赵某故意伤害案发生情形，岳某甲应当承担主要过错责任。赵某对岳某甲的经济损失，法院认定承担40％的赔偿责任。

　　岳某甲不服二审判决，提出再审申请。

　　再审法院认为：公民的生命健康权受法律保护，侵害公民身体健康造成伤害的，应当承担损害赔偿责任。民事侵权责任由加害行为、损害事实、加害行为与损害事实之间存在因果关系、行为人有主观过错四个要件构成。双方当事人和岳某甲之子岳某乙在发生纠纷中造成赵某和岳某甲均受到人身损害，通过现有证据无法排除岳某甲人身损害与赵某无关联，赵某也未提供证据对该事实予以证明，故赵某对岳某甲的人身损害应当承担侵权责任。另外，双方当事人在发生纠纷后未采取理性处理方式积极化解矛盾，造成双方均有人身伤害，双方均存在主观过错，故二审法院依查明的事实酌定赵某承担40％的责任并无不当。

经验总结

　　1.权利切忌滥用，否则将承担相应的责任。在赔偿方面，侵害公民人身造成伤害的要赔偿医疗费、误工费等，造成残疾的要承担生活必要支出费用、补偿其收入损失等，造成死亡的还应当承担丧葬费、死亡补偿费等。邻里之间本无大是大非，由于一些争端引发大的伤人事件实属冲动，也容易将邻里关系演变成剑拔弩张的敌对关系。

　　2.受害者应保留证据，主张侵权赔偿。公民的民事权益包括生命权、健康权等，当生命、健康、身体遭受侵害，受害人起诉请求侵权人赔偿财产损失和精神损害的，人民法院应予受理。当自己受到侵害时，应主动将事件经过所涉及的证据以及后续医疗过程中产生的伤情证明等证据固定下来，为自己提出侵权损害赔偿的主张作出证明。

　　3.刑事责任和民事责任的承担并不冲突。即便是已经经受了刑事处罚，但仍然要就给对方造成的损害承担民事赔偿责任。

相关法律规定

一、《中华人民共和国刑法》

第二百三十四条　故意伤害他人身体的,处三年以下有期徒刑、拘役或者管制。

犯前款罪,致人重伤的,处三年以上十年以下有期徒刑;致人死亡或者以特别残忍手段致人重伤造成严重残疾的,处十年以上有期徒刑、无期徒刑或者死刑。本法另有规定的,依照规定。

二、《最高人民法院关于审理人身损害赔偿案件适用法律若干问题的解释》

第二条　受害人对同一损害的发生或者扩大有故意、过失的,依照民法通则第一百三十一条的规定,可以减轻或者免除赔偿义务人的赔偿责任。……

第十七条第一款　受害人遭受人身损害,因就医治疗支出的各项费用以及因误工减少的收入,包括医疗费、误工费、护理费、交通费、住宿费、住院伙食补助费、必要的营养费,赔偿义务人应当予以赔偿。

延伸阅读

1.人身伤害行为与损害后果具备因果关系是构成侵权责任的要件之一。首先要看有无侵权行为和损害后果,再看该行为和损害后果有无因果关系。当伤害行为与损害后果之间存在因果关系时,施害方须承担相应的责任。

2.责任人承担责任的比例与自身过错程度呈正相关。要结合纠纷发生的原因及双方的过错程度来划分各自的责任比例,对纠纷负有重大过错的一方承担主要责任。当一方自身存在重大过错时,应当对其损害后果承担主要责任。

第三节
动物侵权

裁判要旨

饲养的动物造成他人损害的,除了能够证明损害是因被侵权人故意或者重大过失造成的情况可以不承担或者减轻责任外,其余情形动物饲养人或者管理人都应当承担侵权责任。

案例简介①

2014 年 1 月 21 日 10 时左右,原告袁某和法定监护人陈某在所居住小区散步,行到湖景东三街时有只白色带黄的长毛小狗扑过来并想咬向原告的右脚,陈某急忙把原告抱起,但原告仍被狗抓伤了右手并流血。打完第一针疫苗后回到家中,陈某立即致电 110 报警,警察接警后上原告家问话,随即警察去找两被告问话,但因两被告不开门,不予配合。在原告注射疫苗而导致发烧期间,两被告并未上门探望及作出有诚意的道歉,反而对法定监护人说小孩子都会生病发烧的,关他们什么事的这样的话而拒绝提供帮助。本次狗伤人事件的缘由正是两被告饲养狗却没有对狗进行管束,放任其饲养的狗在小区公共地方内随意走动,对他人人身安全产生威胁,从而导致事故的发生。

两被告拒不对原告赔偿,原告遂具状请求法院判令医疗费、机票损失费、原告法定监护人的误工费、原告营养费、交通费、精神损害赔偿金、诉讼费由两被告承担。诉讼期间,原告撤回第二项机票损失费的诉讼请求。被告廖某、凌某共同答辩称:原告袁某右手受伤是植物刮擦所致,并非二人所养狗所致,原告监护人明知自己的小孩才一岁多,但是没有在小区公共地方看护好自己的小孩,没有尽到监护责任,对原告的损害发生存在重大过失,并对原告诉请的赔偿范围产生质疑,请求法院驳回其全部诉讼请求。

法院通过对被告是否是致使原告受伤小狗的饲养人问题、关于原被告的责任问题、原告的损失问题三部分进行了详细的证据审查。法院经审理认为,原告主张被被告饲养的狗咬伤而要求赔偿,故本案是饲养动物损害责任纠纷。被告廖某、凌某作为致使原告受伤小狗的饲养人,未能看管好其饲养的小狗,致使小狗抓伤原告,因此,被告廖某、凌某对原告的受伤存在过错,被告应对原告的损害承担全部责任。最终法院判决被告廖某、凌某在本判决发生法律效力之日起 3 日内赔偿原告袁某损失 4072.2 元,其中包含:医疗费 872.2 元、营

---

① 中国裁判文书网.(2015)江蓬法杜民初字第 311 号判决书:袁某与廖某、凌某饲养动物损害责任纠纷一审民事判决书(有删改)。

养费 1000 元、交通费 200 元和精神损害抚慰金 2000 元,并驳回原告袁某的其他诉讼请求。

⊜ 经 验 总 结

1. 妥善管理所饲养的动物,避免其对他人造成人身损害。本次狗伤人事件的缘由正是两被告饲养狗却没有对狗进行管束,放任其在小区公共场所内随意走动,对他人人身安全造成威胁,从而导致了事故的发生。因对于动物的照管不当引起的责任由饲养人或管理人承担,被告对其饲养的狗理应履行谨慎注意义务,采取相应的安全措施。

2. 除受害方有过错或第三人存在过错外,饲养动物的饲养人和管理人为责任承担的一方。饲养的动物造成他人损害的,动物饲养人或者管理人应当承担侵权责任,但能够证明损害是因被侵权人故意或者重大过失造成的,可以不承担或者减轻责任。身为动物饲养人,未能看管好自己饲养的小狗,致使小狗抓伤他人,是动物饲养人一方的过错。

3. 饲养动物造成他人损害,须承担医疗费、护理费、交通费等为治疗和康复支出的合理费用,以及因误工减少的收入等费用的赔偿责任。在这其中的误工费根据受害人的误工时间和收入状况确定。受害人有固定收入的,误工费按照实际减少的收入计算。当受害人年幼无自理能力时,受害人的监护人的误工损失视为未成年人的误工损失。

⊞ 相 关 法 律 规 定

一、《中华人民共和国民法典》

第一千一百七十九条 侵害他人造成人身损害的,应当赔偿医疗费、护理费、交通费、营养费、住院伙食补助费等为治疗和康复支出的合理费用,以及因误工减少的收入。造成残疾的,还应当赔偿辅助器具费和残疾赔偿金;造成死亡的,还应当赔偿丧葬费和死亡赔偿金。

第一千二百四十五条 饲养的动物造成他人损害的,动物饲养人或者管理人应当承担侵权责任;但是,能够证明损害是因被侵权人故意或者重大过失造成的,可以不承担或者减轻责任。

二、《最高人民法院关于审理人身损害赔偿案件适用法律若干问题的解释》

第十八条第一款 受害人或者死者近亲属遭受精神损害,赔偿权利人向人民法院请求赔偿精神损害抚慰金的,适用《最高人民法院关于确定民事侵权精神损害赔偿责任若干问题的解释》予以确定。

第十九条 医疗费根据医疗机构出具的医药费、住院费等收款凭证,结合病历和诊断证明等相关证据确定。赔偿义务人对治疗的必要性和合理性有异议的,应当承担相应的举证责任。

医疗费的赔偿数额,按照一审法庭辩论终结前实际发生的数额确定。器官功能恢复训练所必要的康复费、适当的整容费以及其他后续治疗费,赔偿权利人可以待实际发生后另行起诉。但根据医疗证明或者鉴定结论确定必然发生的费用,可以与已经发生的医疗费一并予以赔偿。

第二十二条 交通费根据受害人及其必要的陪护人员因就医或者转院治疗实际发生的费用计算。交通费应当以正式票据为凭;有关凭据应当与就医地点、时间、人数、次数相符合。

三、《中华人民共和国民事诉讼法》

第六十四条第一款 当事人对自己提出的主张,有责任提供证据。

延伸阅读

受害人对事故具有过失的自身亦应承担一定的责任。在动物侵权关系中,动物饲养人和管理人能够证明损害是因被侵权人故意或者重大过失造成的,可以不承担或者减轻责任。以刘某诉黄某饲养动物致人损害赔偿纠纷一案[(2015)鄂武汉中民二终字第 00524 号]为例:刘某的伤情系黄某饲养的狗撞击其电动自行车致其摔倒导致。根据《湖北省实施〈中华人民共和国道路安全法〉办法》第三十一条的规定,自行车、电动自行车只准搭载一名十二周岁以下的儿童。刘某在事发时违规搭载已年满 14 周岁的儿子,对驾驶安全产生一定的影响。而且刘某在驾驶电动自行车时也未及时合理的避让,对事故的发生有重大过失,亦应承担一定的责任。法院综合刘某、黄某双方的过错,酌情判断刘某、黄某各承担 50% 的责任。

| 第四节 |
环境污染

裁判要旨

　　制造噪声对他人正常居住环境和健康生活造成损害,构成环境污染。而当行为人没有举证证明其有法律规定的不承担责任或者减轻责任的情形及其噪声污染行为与被害人遭受的损害之间不存在因果关系时,行为人应当承担侵权责任,并应当采取措施,停止侵害,消除因噪声污染给受害人造成的影响。

案例简介①

　　2002 年前后,刘某在大悟县城关镇兴华西路开发商品房。第一、二层楼为门店,第三至第六层楼为居民楼。2006 年前后,刘某将第一、第二层楼出租给某超市,该超市在第一层楼经营生鲜产品、大米、食油、鱼肉、蔬菜,其相关制冷保鲜设备都在第一楼,第二楼经营成衣等产品。从 2017 年 6 月该超市重新装修,该超市的扰民行为随即发生:多台大功率制冷保险设备、运货推车、卖活鱼的增氧机、大功率制冷保鲜柜、剁肉剁骨头等发出多种扰民之音,给周围居民的身心健康造成严重伤害。刘某作为房屋的出租人,应该对房屋承租人的扰民行为予以制止,也可以拒绝将房屋出租给扰民的承租人,所以刘某对该超市的扰民经营行为有不可推卸的责任。为此,宋某等 5 人和楼上的居民多次找该超市、刘某交涉,要求解决无果,因此成讼。

　　一审法院认为,该超市涉案噪音已对宋某等 5 人的正常居住环境和健康生活造成了损害,构成环境污染。该超市不能举证证明该侵害行为具有合理的免责事由,故应承担排除危害的法律责任。因此,该超市妨害宋某等 5 人的正常生活,应当立即停止侵害、排除妨碍。刘某作为房屋的出租人,应该对房屋承租

①　中国裁判文书网.(2018)鄂 09 民终 536 号判决书:宋某、张某等与某超市、刘某噪声污染责任纠纷二审民事判决书(有删改)。

人的扰民行为予以制止,也可以拒绝将房屋出租给扰民的承租人,所以刘某对该超市的扰民经营行为有不可推卸的责任,亦应承担连带责任。

二审中,当事人均未向审理法院提交新证据。该超市则认为,一审法院关于对宋某等5人的影响的事实描述不客观,它对损害的事实不认可。刘某认为,本人对扰民的行为不清楚,也不认可,该超市是合法经营,一审对本人作为出租人有不可推卸的责任的认定错误。

二审法院认为,本案属噪声污染责任纠纷而非排除妨害纠纷,一审法院定性不准,予以纠正。一审程序合法。宋某等5人一审已经提出并提交了证据证明该超市的部分经营行为及在设备的使用过程中所产生的噪声给其造成了污染损害,而该超市则没有举证证明其就法律规定的不承担责任或者减轻责任的情形及其噪声污染行为与宋某等5人遭受的损害之间不存在因果关系,某超市应当承担侵权责任。该超市应当采取措施,停止侵害,消除因噪声污染给宋某等5人造成的损害,直至消除对宋某等5人的损害为止。宋某等5人虽因该超市的噪声污染而受到损害,但缺乏相关证据证明该超市的噪声污染造成其严重精神损害的事实,因此,宋某等5人要求该超市承担精神损害赔偿的请求,不符合《中华人民共和国侵权责任法》第二十二条的规定,法院不予支持。

综上所述,宋某等5人和该超市的上诉请求均不能成立,应予驳回;一审法院认定事实清楚,适用法律并无不当且程序合法,应予维持。判决驳回上诉,维持原判。

经验总结

1.无论声音是否达到了超标的分贝,只要足以改变居室内人们白天和夜间休息时通常习惯的安静环境,且超出了一般公众普遍可忍受的范围时,就认定噪声污染程度较为明显,这些实际损害符合日常生活经验法则,需要受到法律的规制。涉案噪声对原告的正常居住环境和健康生活造成了损害,构成环境污染。

2.原告对噪声污染损害提出的主张需要提出证据证明,若被告无法举证反驳,原告方可胜诉。当被告没有举证证明其有法律规定的不承担责任或者减轻责任的情形及其噪声污染行为与损害之间不存在因果关系时,就应承担侵权责任。

3.环境污染损害赔偿的范围为直接受到损害的组织或个人所遭受的损失。造成了环境噪声污染的组织或个人,不仅有责任排除危害,还要就侵权损害的事实向直接遭受损害的组织或者个人承担赔偿损失责任。

相关法律规定

一、《中华人民共和国民法典》

第一千一百六十七条　侵权行为危及他人人身、财产安全的,被侵权人有权请求侵权人承担停止侵害、排除妨碍、消除危险等侵权责任。

第一千二百二十九条　因污染环境、破坏生态造成他人损害的,侵权人应当承担侵权责任。

第一千二百三十条　因污染环境、破坏生态发生纠纷,行为人应当就法律规定的不承担责任或者减轻责任的情形及其行为与损害之间不存在因果关系承担举证责任。

二、《中华人民共和国环境保护法》

第四十一条　建设项目中防治污染的设施,应当与主体工程同时设计、同时施工、同时投产使用。防治污染的设施应当符合经批准的环境影响评价文件的要求,不得擅自拆除或者闲置。

延伸阅读

1.环境污染纠纷,根据相关法律适用举证责任倒置及无过错责任原则

我国民事证据的举证主体往往遵循"原告承担举证责任"这一原则,环境污染责任属于其中的一种例外型特殊侵权责任,"因污染环境造成损害的,污染者应当承担侵权责任","因污染环境发生纠纷,污染者应当就法律规定的不承担责任或者减轻责任的情形及其行为与损害之间不存在因果关系承担举证责任",这规定了在环境污染纠纷案件中的证明责任原则,即污染者需要证明其行为和损害的结果之间不存在因果关系。在环境污染侵权案件中,原告应举证证明被告实施了污染环境的行为及原告因此受到了损害事实,在此基础上,被告应当就法定免责事由及其行为与损害之间不存在因果关系承担举证责任。如

果被告不能进行充分证明,将承担败诉的后果。可见环境污染侵权责任对于污染者科以较为严厉的责任。但是需要注意的是,环境污染纠纷的举证责任分配规则,并不当然排除原告需就被告具有侵害事实承担举证的责任。

2.在环境污染纠纷中,原告可以在要求被告恢复原状之外赔偿损失吗?

可以。我国民事诉讼法遵循"一事不再理"原则,即按照《最高人民法院关于适用〈中华人民共和国民事诉讼法〉的解释》第二百四十七条的规定:"当事人就已经提起诉讼的事项在诉讼过程中或者裁判生效后再次起诉,同时符合下列条件的,构成重复起诉:(一)后诉与前诉的当事人相同;(二)后诉与前诉的诉讼标的相同;(三)后诉与前诉的诉讼请求相同,或者后诉的诉讼请求实质上否定前诉裁判结果。当事人重复起诉的,裁定不予受理;已经受理的,裁定驳回起诉,但法律、司法解释另有规定的除外。"赔偿损失和恢复原状属于两个不同的诉讼标的和诉讼主张,当事人可以一并主张,不存在法律竞合,也并不存在违背"一事不再理"原则的情况。受害人有权选择侵权责任法规定的一种或多种民事责任承担方式主张权利。

第四章
打工维权

第一节
劳动合同

一、劳动合同订立

裁判要旨

劳动关系的本质特征是劳动者对用人单位具有经济上、组织上的从属性，即劳动者以为用人单位提供劳动获取报酬，用人单位将劳动者编入其生产组织内并提供生产场地及设备，劳动者在劳务提供中须服从用人单位的指挥、管理和监督等。

案例简介①

薪华润印刷公司系依法登记设立的有限责任公司，经营印刷及纸箱制品、涂布纸加工销售业务。

置放在薪华润印刷公司的一台四色印刷机为刘某所有，由其进行印刷营运，该印刷机与薪华润印刷公司所有的一台双色印刷机就操作人员的报酬分别单独核算，其操作人员由薪华润印刷公司的会计代为考勤（计工）及代为计发报酬。

2013年3月之前，周某跟随刘某在别处从事印刷工作。2013年3月，刘某将其所有的上述四色印刷机挪至薪华润印刷公司院内进行印刷，周某跟随刘某来到薪华润印刷公司，至2014年12月30日周某发生交通事故止。该期间，周某主要从事"四色机"印刷的辅助性作业，有时也跟在"双色机"上进行印刷辅助性操作，其在"双色机"每月的工作天数基本很少且不固定，呈断续性，仅在2014年12月份在"双色机"上连续工作29天。周某在上述"双色机"和"四色机"上的劳动报酬以计件计算为主，分别按月由薪华润印刷公司的会计经手单

---

① 聚法网.（2015）砀民二初一1字第00249号判决书：薪华润印刷公司与周某确认劳动关系纠纷一审民事判决书（有删改）。

独造表发放。

周某在薪华润印刷公司"双色机"上操作期间,双方没有就建立劳动关系进行约定,亦未签订书面劳动合同。上述期间内,薪华润印刷公司没有为周某办理、参加社会养老保险等。

周某因与薪华润印刷公司就是否建立有事实劳动关系发生争议,周某申请劳动仲裁。砀山县劳动争议仲裁委员会作出裁决,确认周某与薪华润印刷公司之间自2013年3月份至今存在事实劳动关系。薪华润印刷公司不服上述裁决,向人民法院提起诉讼。

诉讼过程中,薪华润印刷公司否认其与周某之间具有事实劳动关系,但未向法院提交相关有效证据。

本案中,人民法院认为:劳动关系是指劳动者与用人单位之间存在的,以劳动给付为目的的劳动权利义务关系。用人单位招用劳动者时虽没有签订书面劳动合同,但用人单位和劳动者有法律、法规规定的主体资格,劳动者受用人单位的劳动管理,从事用人单位安排的有报酬的劳动,且劳动者提供的劳动是用人单位的业务组成部分,双方之间即属于建立了劳动关系。本案中,首先,薪华润印刷公司是适格的用工主体,周某是适格的劳动者,两者均符合法律规定的主体资格。其次,从薪华润印刷公司提供的工资发放表可以认定周某从事"四色机"上的工作的同时从事"双色机"上的工作,薪华润印刷公司不认可"四色机"属其所有,而系刘某所有,但薪华润印刷公司包括刘某均未提供证据证明"四色机"系刘某所有,应当承担举证不能的法律后果。结合周某同在该"四色机"上领工资的苗某、魏某等人出现在薪华润印刷公司的规章制度当中、薪华润印刷公司于2013年8月16日为刘某、苗某等人购买了中国人寿国寿绿洲团体意外伤害保险,工资发放为同一会计发放,薪华润印刷公司的法定代表人段某在仲裁庭审笔录中认可刘某是其公司股东以及段某在公安机关的陈述等,可以认定周某系薪华润印刷公司的职工,从事了公司安排的有报酬的劳动。第三,周某在薪华润印刷公司从事印刷工作,应当遵守薪华润印刷公司的指示和规章制度,薪华润印刷公司与周某之间存在一定程度上的人身隶属性,且周某提供的劳动是用人单位业务的组成部分。综上所述,薪华润印刷公司与周某之间存在事实劳动关系。当事人对自己提出的诉讼请求所依据的事实或者反驳对方诉讼请求所依据的事实有责任提供证据加以证明。没有证据或者证据不足以证明当事人的事实主张的,由负有举证责任的当事人承担不利后果。诉讼过程中,薪华润印刷公司提供的证据不足以证明其与周某之间不存在劳动关系。故薪华润印刷公司请求确认周某与薪华润印刷公司自2013年3月份不具有劳动关系的诉讼请求证据不足,法院不予支持。

经验总结

1.工作要签订劳动合同。劳动者要有合同意识,一旦找到工作,首先要与用人单位或雇主签订劳动合同。合同内容包括:劳动合同期限,工作内容,劳动保护和劳动条件,劳动报酬、纪律,劳动合同终止的条件和违反劳动合同的责任等。合同内容违反法律法规的和采取欺诈、威胁等手段订立的合同都是无效合同。

2.依法解决劳动纠纷。劳动者在劳动权益受到侵害时可视情况采取以下三种救济途径:一是向本单位劳动争议调解组织申请调解;二是在调解不成时可向劳动争议仲裁委员会申请仲裁,也可直接申请劳动争议仲裁;三是对劳动争议仲裁裁决不服的,可依法向人民法院提起诉讼。增强法律意识和证据意识,注意保留用人单位的招聘通知、入职登记表、和老板谈话的录音、暂住证、其他工友的证明、工作证、出入证、工服工帽、工资卡等证据,以防止出现纠纷。

相关法律规定

一、《中华人民共和国劳动争议调解仲裁法》

第六条　发生劳动争议,当事人对自己提出的主张,有责任提供证据。与争议事项有关的证据属于用人单位掌握管理的,用人单位应当提供;用人单位不提供的,应当承担不利后果。

第三十九条　当事人提供的证据经查证属实的,仲裁庭应当将其作为认定事实的根据。

劳动者无法提供由用人单位掌握管理的与仲裁请求有关的证据,仲裁庭可以要求用人单位在指定期限内提供。用人单位在指定期限内不提供的,应当承担不利后果。

二、《最高人民法院关于审理劳动争议案件适用法律若干问题的解释》

第十三条　因用人单位作出的开除、除名、辞退、解除劳动合同、减少劳动报酬、计算劳动者工作年限等决定而发生的劳动争议,用人单位负举证责任。

三、《劳动和社会保障部关于确立劳动关系有关事项的通知》

用人单位未与劳动者签订劳动合同，认定双方存在劳动关系时可参照下列凭证：

（一）工资支付凭证或记录（职工工资发放花名册）、缴纳各项社会保险费的记录；

（二）用人单位向劳动者发放的"工作证"、"服务证"等能够证明身份的证件；

（三）劳动者填写的用人单位招工招聘"登记表"、"报名表"等招用记录；

（四）考勤记录；

（五）其他劳动者的证言等。

其中，（一）、（三）、（四）项的有关凭证由用人单位负举证责任。

延伸阅读

1. 事实劳动关系及其认定的几大因素

劳动合同是劳动者与用人单位确立劳动关系、明确双方权利和义务的协议。建立劳动关系应当订立劳动合同，但是在实际用工中，大量的用人单位不与劳动者订立书面的劳动合同，致使劳动者的合法权益难以得到维护。事实劳动关系，是指用人单位与劳动者虽然没有订立书面的劳动合同，但是实际履行了劳动关系，即双方在事实上确立了劳动关系。为维护未签订劳动合同劳动者的合法权益，事实劳动关系的认定显得尤为重要。

结合《劳动和社会保障部关于确立劳动关系有关事项的通知》第一条，认定事实劳动关系应当考量以下主要因素：

（1）双方的主体资格。用人单位，可以是中华人民共和国境内的企业、个体经济组织、民办非企业用人单位等组织；也可以是国家机关、事业单位、社会团体等。根据《中华人民共和国劳动法》第十五条的规定，劳动者应为年满十六周岁的自然人；其中文艺、体育和特种工艺单位招用未满十六周岁的未成年人，必须履行审批手续。

《劳动和社会保障部关于确立劳动关系有关事项的通知》第四条作了特别规定，突破了主体资格的限制，即建筑施工、矿山企业等用人单位将工程（业务）或经营权发包给不具备用工主体资格的组织或者自然人，对该组织或自然人招用的劳动者，由具备主体资格的发包方承担用工主体责任。

（2）工作上隶属。工作上的隶属是指劳动者与用人单位存在隶属关系，接受用人单位的管理、遵守用人单位的各项规章制度，而不是从事独立的业务或者经营活动。同时，用人单位也有权制定、修改或者决定劳动者劳动报酬、工作时间、休息休假、保险福利等直接涉及劳动者切身利益的规章制度。在实务诉讼中，可以从以下方面来认定工作上的隶属关系：劳动者填写的用人单位招工招聘的"登记表""报名表"等招用记录；用人单位的考勤记录；劳动者遵守用人单位规章制度的书面材料（例如：在单位规章制度中签字确认、单位处罚通知）等。

（3）组织上的从属。组织上的从属主要是指劳动者所具体从事的工作是用人单位的业务组成部分。这里的业务组成部分，应作广义的理解，不应仅限于营业执照限定的业务范围，还应包括用人单位组织、管理层面（比如用人单位的人力部门及会计等）的工作。同时，组织上的从属，还应体现在用人单位应提供基本的劳动条件、场所、工具等。另外，组织上的从属，还应具有稳定性，即劳动者在持续的一段时间不间断地向用人单位提供劳务。在实务诉讼中，对于组织上从属的认定，应包括：用人单位向劳动者发放的"工作证""服务证"等能够证明身份材料的证件；用人单位提供的"工作服""办公用具"等。

（4）经济上的依附。经济上的依附是指劳动者经济上依赖于用人单位，劳动者提供劳务，用人单位向劳动者提供福利保障，包括支付劳动报酬，缴纳社会保险及其他福利等。在实务中，经济上的依附可以从以下几方面来认定：工资支付凭证或记录（职工工资发放花名册）、缴纳社会保险费的记录等。

因此，对于复杂、疑难事实劳动关系的认定要同时具备这四个要素：主体资格合法、工作上的隶属、组织上的从属和经济上的依附，同时综合间接证据来证明存在事实劳动关系等。

2. 事实劳动关系的救济

劳动者同时满足事实劳动关系认定的条件，在足以认定构成事实劳动关系的情况下，用人单位应当与劳动者补签书面的劳动合同。其中，对于符合订立无固定期限劳动合同的，如果劳动者提出，应当订立无固定期限的劳动合同。

但是，在实务诉讼中，如果认定构成事实劳动关系，劳动者更倾向于要求解除劳动关系，并要求用人单位支付所欠的劳动报酬和经济补偿金。

还有一种情况是，通过仲裁或者诉讼确认事实劳动关系，作为申请认定工伤的前提条件。同时，警醒劳动者，对于用人单位未及时签订书面劳动合同的，劳动者在工作中要注重搜集认定事实劳动关系的相关证据。

以建立实际用工关系为基础的事实劳动关系,被法律赋予了同签订书面劳动合同相同的法律地位,违法解除事实劳动关系同样需要支付补偿金或者赔偿金。

二、劳动合同履行

⚖ 裁判要旨

不具备用工主体资格的单位或者个人(如包工头),违法用工且拒不支付劳动者报酬,数额较大,经政府有关部门责令支付仍不支付的,应当以拒不支付劳动报酬罪追究其刑事责任。

不具备用工主体资格的单位或者个人(如包工头)拒不支付劳动报酬,即使其他单位或者个人在刑事立案前为其垫付了劳动报酬的,也不影响追究该用工单位或者个人(如包工头)拒不支付劳动报酬罪的刑事责任。

案例简介①

被告人胡某于 2010 年 12 月分包了位于黄水镇三盛翡俪山一期景观工程的部分劳务工程,之后聘用多名民工入场施工。施工期间,胡某累计收到发包人支付的工程款 51 万余元,已超过结算时确认的实际工程款。2011 年 6 月 5 日工程完工后,胡某以工程亏损为由拖欠李某等 20 余名民工工资 12 万余元。6 月 9 日,双流县(现为双流区)人力资源和社会保障局责令胡某支付拖欠的民工工资,胡某却于当晚订购机票并在次日早上乘飞机逃匿。6 月 30 日,锦天下园林工程有限公司作为工程总承包商代胡某垫付民工工资 12 万余元。7 月 4 日,公安机关对胡某拒不支付劳动报酬案立案侦查。7 月 12 日,胡某在浙江省慈溪市被抓获。

人民法院审理后认为,被告人胡某以逃匿的方式逃避支付劳动者的劳动报酬,数额较大,经政府有关部门责令支付仍不支付,其行为已构成拒不支付劳动

---

① 中国裁判文书网.(2011)双流刑初字第 544 号判决书:胡某犯拒不支付劳动报酬罪刑事判决书(有删改)。

报酬罪,即使锦天下园林工程有限公司已垫付工资款,亦不影响依法追究胡某的刑事责任。人民检察院起诉指控成立,予以支持。鉴于被告人胡某系初犯、认罪态度好,酌情予以从轻处罚。据此,人民法院依照《中华人民共和国刑法》第二百七十六条之一第一款、第五十二条、第五十三条之规定,作出如下判决:

被告人胡某犯拒不支付劳动报酬罪,判处有期徒刑一年,并处罚金人民币二万元。

经验总结

1. 签订合同时尽量明确约定详细的工资报酬支付的条件和时间。面对老板拖延支付工资的行为,如果害怕与老板闹僵了拿不到钱,可以要求老板给自己打一张欠条,如果老板不打欠条的话,可以找相关部门调解,如果仍无法解决,可以到老板的公司去主动要求其支付工资。如果还是无法解决,则可以拿起法律的武器进行维权。在此期间,注意保存劳动关系存在的证据。

2. 要及时主张、及时维权。遭受一两个月欠薪后,不要等年底项目结束,老板跑路了才想起维权,因为在这种情况下再进行维权就非常难。虽然并非时间拖延后就一定拿不到工资,但是相对而言,时间越长,取证越难。

相关法律规定

《中华人民共和国刑法》

第二百七十六条之一 以转移财产、逃匿等方法逃避支付劳动者的劳动报酬或者有能力支付而不支付劳动者的劳动报酬,数额较大,经政府有关部门责令支付仍不支付的,处三年以下有期徒刑或者拘役,并处或者单处罚金;造成严重后果的,处三年以上七年以下有期徒刑,并处罚金。

单位犯前款罪的,对单位判处罚金,并对其直接负责的主管人员和其他直接责任人员,依照前款的规定处罚。

有前两款行为,尚未造成严重后果,在提起公诉前支付劳动者的劳动报酬,并依法承担相应赔偿责任的,可以减轻或者免除处罚。

延|伸|阅|读

1.关于拒不支付劳动报酬罪

拒不支付劳动报酬罪的制定背景,正是因为当前社会中用人单位恶意拖欠劳动者工资的情况非常普遍,而劳动者,尤其是广大进城务工人员要走法律途径讨薪困难重重。2011年5月1日实施的《中华人民共和国刑法修正案(八)》中新增了这一罪名,并在刑法第二百七十六条之一中进行了明确规定。

2.关于拒不支付劳动报酬罪中的"用人单位"

本罪中"用人单位"不一定必须是"单位",甚至不需要具备用工的主体资格。实践中大量存在如包工头拖欠农民工工资的情况,这种包工头往往不具备用工资格,在工程完成、收取工程承建方支付的款项后,包工头往往就卷款潜逃,导致工程建设方得重新支付工资。对于此种情况,即使不具备用工的主体资格,但有逃避支付工人工资的情况,也可以拒不支付劳动报酬罪追究其刑事责任。并且,即使其他单位或者个人在刑事立案前为其垫付了劳动报酬的,也不影响追究该用工单位或者个人(如包工头)拒不支付劳动报酬罪的刑事责任。即在这种特殊的情况下,其他人代为支付劳动报酬的,嫌疑人(被告人)也不能减轻或者免除处罚。

3.拒不支付劳动报酬罪成立的重要前提:政府部门介入之后仍不支付

劳动者一旦发现老板"跑路",首选方案是向政府劳动行政部门反映。劳动行政部门介入之后,通常在召集工人整理工资单的同时,向用人单位发出《限期整改指令书》,要求其限期结算工资,相关材料往往张贴在工厂、公司门口等处。嫌疑人到案后,最常用的抗辩理由就是"我不知道政府要求我限期整改",但此类理由根本不会被采纳。在《最高人民法院关于审理拒不支付劳动报酬刑事案件适用法律若干问题的解释》中明确规定,行为人逃匿,无法将责令支付文书送交其本人、同住成年家属或者所在单位负责收件的人的,如果有关部门已通过在行为人的住所地、生产经营场所等地张贴责令支付文书等方式责令支付,并采用拍照、录像等方式记录的,应当视为"经政府有关部门责令支付"。至此,逃避支付且经政府有关部门责令支付,只要达到数额标准,即可成立拒不支付劳动报酬罪。

4.劳动报酬的范围

1995年8月4日实施的《关于贯彻执行〈中华人民共和国劳动法〉若干问题

的意见》对劳动法中的"工资"作了界定："劳动法中的'工资'是指用人单位依据国家有关规定或劳动合同的约定,以货币形式直接支付给本单位劳动者的劳动报酬,一般包括计时工资、计件工资、奖金、津贴和补贴、延长工作时间的工资报酬以及特殊情况下支付的工资等。"拒不支付劳动报酬罪中的"劳动报酬"亦是沿用这一定义,但要注意的是,拒不支付劳动报酬罪的"劳动报酬"并不包括劳务报酬以及社会保险福利、劳动保护等方面的费用。

三、劳动合同解除

裁|判|要|旨

从事接触职业病危害作业的劳动者未进行离岗前职业健康检查的,用人单位不得解除或终止与其订立的劳动合同。即使用人单位与劳动者已协商一致解除劳动合同,解除协议也应认定为无效。

案|例|简|介①

2010 年 1 月,原告张某与被告敬豪公司建立劳动关系后被派遣至被告中海公司担任电焊工,双方签订最后一期的劳动合同的期限为 2010 年 1 月 1 日至 2014 年 6 月 30 日。2014 年 1 月 13 日,敬豪公司(甲方)与原告(乙方)签订《协商解除劳动合同协议书》,协议中载明甲、乙双方一致同意劳动关系于 2014 年 1 月 13 日解除,双方的劳动权利义务终止;甲方向乙方一次性支付人民币 48160 元,以上款项包括解除劳动合同的经济补偿、其他应得劳动报酬及福利待遇等。敬豪公司于 2014 年 1 月 21 日向原告支付人民币 48160 元。

2014 年 4 月,原告张某经上海市肺科医院诊断为电焊工尘肺壹期。2014 年 12 月 10 日,原告经上海市劳动能力鉴定委员会鉴定为职业病致残程度柒级。2014 年 11 月 27 日,原告向上海市崇明县(现为崇明区)劳动人事争议仲裁委员会申请仲裁,要求自 2014 年 1 月 13 日起恢复与敬豪公司的劳动关系。该

---

① 中国裁判文书网.(2015)沪二中民三(民)终字第 962 号判决书:张某与敬蒙劳务服务有限公司、中海工业有限公司确认劳动关系纠纷二审民事判决书(有删改)。

委裁决对于原告的请求事项不予支持。

张某不服仲裁裁决,向法院提起诉讼。一审法院认为,现原、被告协商一致解除劳动关系,双方的解除行为系真实意思的表示。原告张某为职业病致残程度柒级,且原、被告的劳动合同也已到期,故不支持原告要求的与被告恢复劳动关系的请求。

二审法院认为:本案的争议焦点为从事接触职业病危害作业的劳动者未进行离岗前职业健康检查的,用人单位与劳动者协商一致解除劳动合同是否当然有效。根据《中华人民共和国劳动合同法》第四十二条第一款的规定,从事接触职业病危害作业的劳动者未进行离岗前职业健康检查的,用人单位不得依照该法第四十条、第四十一条的规定解除劳动合同。此款规定虽然没有排除用人单位与劳动者协商一致解除劳动合同的情形,但根据《中华人民共和国职业病防治法》(2011年版)第三十六条的规定,"对从事接触职业病危害的作业的劳动者,用人单位应当按照国务院安全生产监督管理部门、卫生行政部门的规定组织上岗前、在岗期间和离岗时的职业健康检查,并将检查结果书面告知劳动者……对未进行离岗前职业健康检查的劳动者不得解除或者终止与其订立的劳动合同"。因此,用人单位安排从事接触职业病危害作业的劳动者进行离岗职业健康检查是其法定义务,该项义务并不因劳动者与用人单位协商一致解除劳动合同而当然免除。本案中,双方于2014年1月13日签订的《协商解除劳动合同协议书》并未明确张某已经知晓并放弃了进行离岗前职业健康检查的权利,且张某于事后亦通过各种途径积极要求敬豪公司为其安排离岗职业健康检查。因此,张某并未放弃对该项权利的主张,敬豪公司应当为其安排离岗职业健康检查。在张某的劳动能力鉴定结论未出之前,双方的劳动关系不能当然解除。2014年12月10日,张某被鉴定为"职业病致残程度柒级"。根据《工伤保险条例》第三十七条规定,职工因工致残被鉴定为七级至十级伤残的,劳动、聘用合同期满终止,或者职工本人提出解除劳动、聘用合同的,由工伤保险基金支付一次性工伤医疗补助金,由用人单位支付一次性伤残就业补助金。因此,鉴于双方签订的劳动合同原应于2014年6月30日到期,而张某2014年12月10日被鉴定为"职业病致残程度柒级",依据《工伤保险条例》的规定,用人单位可以终止到期合同,故张某与敬豪公司的劳动关系应于2014年12月10日终止。

⊜ 经|验|总|结

1. 从事接触职业病危害作业的劳动者,离职前有权要求用人单位对其进行离岗前职业健康检查,亦有权向用人单位索取其本人的职业健康档案复印件。

2. 用人单位与从事接触职业病危害作业的员工解除或终止劳动关系前,应书面通知员工参加职业健康体检。若员工拒绝参加离岗职业健康体检,用人单位可要求该员工在离职表单上注明"本人自愿放弃体检,一切后果由本人承担"。

▣ 相|关|法|律|规|定

一、《工伤保险条例》

第三十七条　职工因工致残被鉴定为七级至十级伤残的,享受以下待遇:

(一)从工伤保险基金按伤残等级支付一次性伤残补助金,标准为:七级伤残为 13 个月的本人工资,八级伤残为 11 个月的本人工资,九级伤残为 9 个月的本人工资,十级伤残为 7 个月的本人工资;

(二)劳动、聘用合同期满终止,或者职工本人提出解除劳动、聘用合同的,由工伤保险基金支付一次性工伤医疗补助金,由用人单位支付一次性伤残就业补助金。一次性工伤医疗补助金和一次性伤残就业补助金的具体标准由省、自治区、直辖市人民政府规定。

二、《中华人民共和国职业病防治法》

第三十五条　对从事接触职业病危害的作业的劳动者,用人单位应当按照国务院卫生行政部门的规定组织上岗前、在岗期间和离岗时的职业健康检查,并将检查结果书面告知劳动者。职业健康检查费用由用人单位承担。

用人单位不得安排未经上岗前职业健康检查的劳动者从事接触职业病危害的作业;不得安排有职业禁忌的劳动者从事其所禁忌的作业;对在职业健康检查中发现有与所从事的职业相关的健康损害的劳动者,应当调离原工作岗位,并妥善安置;对未进行离岗前职业健康检查的劳动者不得解除或者终止与其订立的劳动合同。

职业健康检查应当由取得《医疗机构执业许可证》的医疗卫生机构承担。卫生行政部门应当加强职业健康检查工作的规范管理,具体管理办法由国务院卫生行政部门制定。

延伸阅读

1. 何为职业病?

职业病,是指企业、事业单位和个体经济组织等用人单位的劳动者在职业活动中,因接触粉尘、放射性物质和其他有毒、有害因素而引起的疾病。

在实践中很多职业的员工都有可能存在职业病,但最终被成功认定为职业病的案例很少,这是由多方面的原因造成的。首先,企业为了自身的利益,缺乏主动给劳动者申请认定职业病的动力;其次,劳动者的维权意识淡薄;最后,职业病的鉴定过程较复杂,对劳动者来说有一定的难度,令很多人望而生畏。

2. 如何申请职业病鉴定?

(1)鉴定机构的选择

《职业病诊断与鉴定管理办法》第十九条规定:"劳动者可以选择用人单位所在地、本人户籍所在地或者经常居住地的职业病诊断机构进行职业病诊断。劳动者可以根据各地职业病诊断机构的设置情况灵活选择适合自己的职业病诊断机构。

(2)诊断职业病需要的材料

职业病诊断需要以下资料:(1)劳动者职业史和职业病危害接触史(包括在岗时间、工种、岗位、接触的职业病危害因素名称等);(2)劳动者职业健康检查结果;(3)工作场所职业病危害因素检测结果;(4)职业性放射性疾病诊断还需要个人剂量监测档案等资料;(5)与诊断有关的其他资料。

在确认劳动者职业史、职业病危害接触史时,当事人对劳动关系、工种、工作岗位或者在岗时间有争议的,职业病诊断机构应当告知当事人依法向用人单位所在地的劳动人事争议仲裁委员会申请仲裁。

职业病诊断机构进行职业病诊断时,应当书面通知劳动者所在的用人单位提供其掌握的《职业病诊断与鉴定管理办法》第二十一条规定的职业病诊断资料,用人单位应当在接到通知后的 10 日内如实提供。

用人单位未在规定时间内提供职业病诊断所需要资料的,职业病诊断机构可以依法提请安全生产监督管理部门督促用人单位提供。

3. 认定职业病后的赔偿请求

(1)被诊断、鉴定为职业病之日起 30 日内,应向统筹地区社会保险行政部门提出工伤认定申请,享受工伤保险待遇。

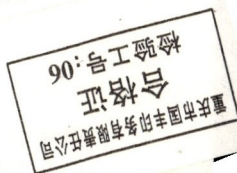

(2)向人民法院提起民事诉讼,就享受工伤保险待遇之外的项目主张民事赔偿,例如残疾赔偿金和精神损害抚慰金。

《中华人民共和国职业病防治法》第五十八条已明确规定,职业病病人除按《工伤保险条例》的规定处理外,尚有获得民事赔偿的权利。对于患职业病工伤的部分劳动者,在适用工伤保险待遇标准进行补偿后,无法完全补偿劳动者损害的部分,有权向用人单位主张民事赔偿。

第二节
工　伤

裁判要旨

职工在工作时间和工作场所内,因工作原因受到事故伤害的,应当认定为工伤。这里的"工作场所",是指职工从事工作的场所,例如职工所在的车间,而不是指职工本人具体的工作岗位。职工"串岗"发生安全事故导致伤害的,只要是在工作时间和工作场所内、因工作原因而发生的,即符合上述工伤认定条件,"串岗"与否不影响其工伤认定。

案例简介①

原告王某自2007年进入第三人思达公司工作,与第三人之间形成劳动关系。2008年5月22日上午,公司车间主任徐某安排原告打扫卫生。原告王某在打扫卫生过程中,徐某亦安排原告次日跟随张某工作。当张某备料到回收酒精车间时,原告跟随其到回收酒精车间观看学习以便次日跟岗。恰遇回收酒精岗位发生酒精溢料事故,随时有爆炸可能,原告为避险,慌乱中从窗口跳出,摔伤双足,公司车间主任等人迅速将原告送往盱眙县中医院救治。医院诊断为双侧跟骨骨折。公司支付了医药费。2009年2月21日,原告向被告盱眙县劳动

---

① 《中华人民共和国最高人民法院公报》2011年第9期:王某诉江苏省盱眙县劳动和社会保障局工伤行政确认案(有删改)。

和社会保障局提出工伤认定申请,被告受理后进行立案调查,于 2009 年 4 月 16 日作出[盱劳社工伤认字(2009)第 011 号]工伤认定决定,认定原告不属于工伤。原告不服,于 2009 年 5 月 10 日向盱眙县人民政府申请行政复议,2009 年 6 月 8 日盱眙县人民政府作出复议决定,维持被告作出的具体行政行为。

受诉法院认为:中华人民共和国国务院《工伤保险条例》(后简称《条例》,2003 年,该案适用)第五条规定"县级以上地方各级人民政府劳动保障行政部门负责本行政区域内的工伤保险工作",被告盱眙县劳动和社会保障局具有负责工伤认定的法定职责。该《条例》第十四条规定"职工有下列情形之一的,应当认定为工伤:(一)在工作时间和工作场所内,因工作原因受到事故伤害的……"这里的"工作场所",是指职工从事工作的场所,例如职工所在的车间,而不是指职工本人具体的工作岗位。被告盱眙县劳动和社会保障局认为原告因"串岗"受伤不能认定为工伤,对此法院认为:首先,原告王某临时更换岗位是按照管理人员即车间主任的安排进行的,并不是擅自离岗换岗,不属于"串岗",应为正常工作变动;其次,即使认定原告上班期间"串岗"行为成立,原告仅是违反了相关企业管理制度,其只导致具体工作岗位及相关工作内容有所变动,并不能改变原告仍在工作场所内工作的事实,因此"串岗"行为应由企业内部管理规章制度调整,不能因此影响工伤认定。原告是在第三人思达公司上班期间处于工作场所并因该公司设备故障安全事故导致伤害,符合工伤认定条件,被告作出原告不属于工伤的具体行政行为与法律相悖。被告盱眙县劳动和社会保障局作出的认定原告王某不属于工伤的具体行政行为证据不足,适用法律法规错误,依法应予撤销。对原告的诉讼请求,应予支持。遂判决撤销被告盱眙县劳动和社会保障局作出的工伤认定决定书,并责令被告盱眙县劳动和社会保障局在 60 日内重新作出认定原告王某为工伤的具体行政行为。

经验总结

劳动者如果是因工受伤,建议先申请工伤认定,认定后才能做工伤鉴定。如果没有劳动合同及其他能证明存在劳动关系的证据,无法申请工伤认定,可以先申请劳动仲裁确认与用人单位之间存在劳动关系。经过劳动仲裁确认存在劳动关系后,再申请工伤认定。

相关法律规定

《工伤保险条例》

第五条　国务院社会保险行政部门负责全国的工伤保险工作。

县级以上地方各级人民政府社会保险行政部门负责本行政区域内的工伤保险工作。

社会保险行政部门按照国务院有关规定设立的社会保险经办机构（以下称经办机构）具体承办工伤保险事务。

第十四条　职工有下列情形之一的，应当认定为工伤：

（一）在工作时间和工作场所内，因工作原因受到事故伤害的；

（二）工作时间前后在工作场所内，从事与工作有关的预备性或者收尾性工作受到事故伤害的；

（三）在工作时间和工作场所内，因履行工作职责受到暴力等意外伤害的；

（四）患职业病的；

（五）因工外出期间，由于工作原因受到伤害或者发生事故下落不明的；

（六）在上下班途中，受到非本人主要责任的交通事故或者城市轨道交通、客运轮渡、火车事故伤害的；

（七）法律、行政法规规定应当认定为工伤的其他情形。

延伸阅读

1.何为工伤？

工伤是指劳动者在劳动过程中因执行职务（业务）而受到的急性伤害。《工伤保险条例》第十四条明确了应认定为工伤的情形。

2.视同工伤的情形

《工伤保险条例》第十五条规定："职工有下列情形之一的，视同工伤：（一）在工作时间和工作岗位，突发疾病死亡或者在48小时之内经抢救无效死亡的；（二）在抢险救灾等维护国家利益、公共利益活动中受到伤害的；（三）职工原在军队服役，因战、因公负伤致残，已取得革命伤残军人证，到用人单位后旧伤复发的。职工有前款第（一）项、第（二）项情形的，按照本条例的有关规定享受工伤保险待遇；职工有前款第（三）项情形的，按照本条例的有关规定享受除一次性伤残补助金以外的工伤保险待遇。"

3. 不能认定为工伤的情形

有下列情形之一的，不得认定为工伤或者视同工伤：

（1）故意犯罪的；

（2）醉酒或者吸毒的；

（3）自残或者自杀的。

4. 发生工伤事故如何处理？

如果是因工受伤，建议先申请工伤认定，认定后做工伤鉴定。赔偿金额只有等鉴定等级后才能最终确定，而且同样的等级各地赔偿金额也会有差异。如果自己不熟悉，建议寻求专业律师的帮助，或按以下方式操作：（1）向社会保险行政部门申请工伤认定，公司需要在事故伤害发生之日起 30 日内申请，如果公司不申请，则工伤职工或者其近亲属在一年内提出认定申请。需提交材料：工伤认定申请表（人力资源和社会保障局现场领取，或其网站上一般可以下载）、与用人单位存在劳动关系的证明材料、医疗诊断证明等。（2）经过治疗后存在残疾、影响劳动能力的，应当申请劳动能力鉴定，向设区的市级劳动能力鉴定委员会提出申请（一般设立在同级人力资源和社会保障局）。（3）根据不同的伤残等级，获得的工伤保险待遇是不一样的。主要补偿包括：医疗费、一次性伤残补助金、一次性工伤医疗补助金、一次性伤残就业补助金、停工留薪期工资、住院伙食补助费、护理费、交通费、营养费、残疾辅助器具费、鉴定费等。

第三节
工作时间和工资

裁判要旨

劳动者为用人单位提供劳动，用人单位应当为劳动者缴纳社会保险。

安排劳动者延长工作时间的，支付不低于工资的百分之一百五十的工资报酬。

用人单位与职工可以就工作时间进行约定,但是不得违反法律法规强制性规定,职工每日工作超出 8 小时、每周超出 40 小时的部分,应认定为休息时间加班,对每周超出法定工作时间的天数,应视为休息日加班。

休息日安排劳动者工作又不能安排补休的,支付不低于工资的百分之二百的工资报酬。

法定休假日安排劳动者工作的,支付不低于工资的百分之三百的工资报酬。

案例简介①

2002 年 3 月 24 日,原告王某到被告天润食品厂工作。2009 年 5 月至 2010 年 4 月,天润食品厂为王某缴纳了社会养老保险等费用。

2011 年 2 月 1 日,天润食品厂(甲方)与王某(乙方)签订了无固定期限的劳动合同,合同中注明,乙方自 2002 年在甲方工作,工资实行计件工资……。王某的工资核算周期为每月的 1 日至月底。

2013 年 7 月 22 日,王某以身体有病为由,申请辞职。离职时间为 2013 年 7 月 31 日。辞职申请书及离职交接表中注明入职时间为 2002 年 3 月 24 日,工作单位为天润食品厂。

王某在天润食品厂工作期间,天润食品厂尚欠王某 2013 年 4 月至 2013 年 7 月的工资未付清,王某也未向劳动行政部门主张要求支付其工资及赔偿金等有关事宜。

2013 年 10 月 25 日,王某向北京市密云县(现为密云区)劳动人事争议仲裁委员会申请仲裁,要求天润食品厂、互润公司支付:1. 2012 年 1 月 1 日至 2013 年 8 月 1 日未签订劳动合同的双倍工资差额 26600 元;2. 2012 年 1 月 1 日至 2013 年 8 月 1 日的最低工资差额 5700 元;3. 2012 年 1 月 1 日至 2013 年 8 月 1 日的休息日加班工资 8946.04 元;4. 2012 年 1 月 1 日至 2013 年 8 月 1 日的法定休假日加班工资 3475.44 元;5. 2013 年 4 月 1 日至 2013 年 8 月 1 日的工资 5664.36 元;6. 2008 年至 2013 年的带薪年休假工资 11584.8 元;7. 2002 年 3 月 24 日至 2013 年 8 月 1 日的农民工养老保险待遇;8. 解除劳动关系经

---

① 聚法网. (2013)密民初字第 6399 号判决书:王某与天润食品厂、互润公司劳动争议一审民事判决书(有删改)。

济补偿金16800元。2013年10月30日,北京市密云县劳动人事争议仲裁委员会以王某的申请不属于仲裁委受理范围为由,决定不予受理。王某对此持有异议,向法院提起诉讼。

审理期间,原、被告均认可2012年5月1日前,王某休息日加班13.5天。天润食品厂同意支付王某2013年4月至2013年7月的工资5664.36元。

另经核查工资表及考勤表等材料,2012年4月、5月王某法定休假日加班共计2天,2012年5月至2013年7月,王某休息日加班共计18.5天。王某的工资有部分月份低于北京市最低工资的情况。工资表及考勤表中均无王某休年休假及已支付年休假工资的相关记载内容。

人民法院认为,劳动者为用人单位提供劳动,用人单位应当为劳动者缴纳社会养老保险。王某在天润食品厂工作期间,天润食品厂未按照法律规定为王某缴纳入职后至离职前的全部社会养老保险,王某要求天润食品厂支付2011年7月1日前未缴纳社会养老保险期间的农民工养老保险待遇,法院对此予以支持,但应扣除2009年5月至2010年4月已缴纳的养老保险;王某要求支付2011年7月1日后的农民工养老保险待遇,无法律依据,对此不予支持。

王某在天润食品厂工作期间,天润食品厂未及时支付的2013年4月后的工资,王某要求天润食品厂支付2013年4月后的工资5664.36元,且天润食品厂同意支付,故法院不持异议,但王某主张未支付工资的50%的赔偿金,未提供相应之证据,故法院不予支持。

王某在天润食品厂工作期间,由于天润食品厂所支付的工资有部分月份未达到北京市最低工资标准,故王某要求支付最低工资差额,法院予以支持,但其具体数额,应根据相关规定予以计算。

王某在天润食品厂工作期间,存在休息日、法定假日加班工作情况,天润食品厂未按法律规定支付其加班工资,故王某要求支付休息日、法定休假日加班工资,法院予以支持,但其支付金额应根据加班天数及相关规定予以计算。

职工连续工作满12个月以上的,享受带薪年休假。天润食品厂称其已安排王某年休假,但未提供安排其年休假的相关证据。故对王某要求支付2011年至2013年的带薪年休假工资,法院予以支持;王某要求支付2011年以前的带薪年休假工资,未提供相应之证据,法院不予支持。

2011年2月1日,天润食品厂与王某签订了无固定期限的劳动合同,王某要求支付2012年1月1日至2013年8月1日未签订劳动合同的双倍工资差额,没有依据,法院不予支持。

2013年7月22日,王某以身体有病为由,申请辞职,其要求支付解除劳动关系经济补偿金,没有法律依据,法院不予支持。

王某要求互润公司承担支付义务,因王某入职的工作单位为天润食品厂,且天润食品厂与其签订了无固定期限的劳动合同,另王某申请辞职时在辞职申请表等材料中均注明工作单位为天润食品厂,而被告互润公司又否认与王某存在劳动关系,王某又未能提供与互润公司存在劳动关系的充足之证据,故对其要求互润公司承担支付义务的请求,法院不予支持。

经验总结

1. 劳动者应当增强法律意识,清楚自己的劳动报酬、工作时间的实际情况以及国家关于工资标准、工作时长的相关规定。如果发现自己的合法权益受到侵害,应当勇于拿起法律武器维护自己的正当权益。

2. 用人单位应当严格按照劳动法规定的工资标准发放工资,不得拖欠、克扣工资,否则会受到劳动行政部门的处罚,并须向劳动者支付赔偿金。用人单位发放工资,应当保留相应的工资发放凭证。用人单位延长劳动者工作时间、休息日安排劳动者工作又不能安排补休的、法定休假日安排劳动者工作的,应当支付相应的工资报酬。

相关法律规定

一、《中华人民共和国劳动法》

第四十四条 有下列情形之一的,用人单位应当按照下列标准支付高于劳动者正常工作时间工资的工资报酬:

(一)安排劳动者延长工作时间的,支付不低于工资的百分之一百五十的工资报酬;

(二)休息日安排劳动者工作又不能安排补休的,支付不低于工资的百分之二百的工资报酬;

(三)法定休假日安排劳动者工作的,支付不低于工资的百分之三百的工资报酬。

第四十八条　国家实行最低工资保障制度。最低工资的具体标准由省、自治区、直辖市人民政府规定,报国务院备案。

用人单位支付劳动者的工资不得低于当地最低工资标准。

第五十一条　劳动者在法定休假日和婚丧假期间以及依法参加社会活动期间,用人单位应当依法支付工资。

第七十二条　社会保险基金按照保险类型确定资金来源,逐步实行社会统筹。用人单位和劳动者必须依法参加社会保险,缴纳社会保险费。

二、《职工带薪年休假条例》

第三条　职工累计工作已满 1 年不满 10 年的,年休假 5 天;已满 10 年不满 20 年的,年休假 10 天;已满 20 年的,年休假 15 天。

国家法定休假日、休息日不计入年休假的假期。

第五条　单位根据生产、工作的具体情况,并考虑职工本人意愿,统筹安排职工年休假。

年休假在 1 个年度内可以集中安排,也可以分段安排,一般不跨年度安排。单位因生产、工作特点确有必要跨年度安排职工年休假的,可以跨 1 个年度安排。

单位确因工作需要不能安排职工休年休假的,经职工本人同意,可以不安排职工休年休假。对职工应休未休的年休假天数,单位应当按照该职工日工资收入的 300% 支付年休假工资报酬。

三、《中华人民共和国民事诉讼法》

第六十四条　当事人对自己提出的主张,有责任提供证据。

当事人及其诉讼代理人因客观原因不能自行收集的证据,或者人民法院认为审理案件需要的证据,人民法院应当调查收集。

人民法院应当按照法定程序,全面地、客观地审查核实证据。

延伸阅读

1.加班费的计算

(1)延长工作时间加班费的计算

安排劳动者延长工作时间的,支付不低于工资的百分之一百五十的工资报酬。即超出职工每日工作 8 小时、每周工作 40 小时的规定的,每天超过 8 小时工作时间的视为延长工作时间。

（2）休息日加班费的计算

①加班时间

用人单位与职工可以就工作时间进行约定，但是不得违反法律法规强制性规定，我国劳动法第三十六条规定：国家实行劳动者每日工作时间不超过 8 小时、平均每周工作时间不超过 44 小时的工时制度。而《国务院关于职工工作时间的规定》第三条明确规定：职工每日工作 8 小时、每周工作 40 小时。

因此，职工每日工作超出 8 小时、每周超出 40 小时的部分，应认定为休息时间加班，对每周超出法定工作时间的天数，应视为休息日加班。

②加班费用

休息日安排劳动者工作又不能安排补休的，支付不低于工资的百分之二百的工资报酬。日工资标准的计算方法为月基本工资除以法定工作天数。

（3）法定节假日加班费的计算

法定休假日安排劳动者工作的，支付不低于工资的百分之三百的工资报酬。国家每年都会有法定节假日放假安排，劳动者可以参照该安排进行法定节假日工资的追索。

2. 最低工资标准

（1）最低工资标准，是指劳动者在法定工作时间或依法签订的劳动合同约定的工作时间内提供了正常劳动的前提下，用人单位依法应支付的最低劳动报酬。

正常劳动，是指劳动者按依法签订的劳动合同约定，在法定工作时间或劳动合同约定的工作时间内从事的劳动。劳动者依法享受带薪年休假、探亲假、婚丧假、生育（产）假、节育手术假等国家规定的假期间，以及法定工作时间内依法参加社会活动期间，视为提供了正常劳动。

（2）在劳动者提供了正常劳动的情况下，最低工资标准应剔除以下三项内容：延长工作时间工资；中班、夜班、高温、低温、井下、有毒有害等特殊工作环境、条件下的津贴；法律、法规和国家规定的劳动者福利待遇等。

3. 劳动争议

劳动争议，是指劳动关系当事人之间因劳动的权利与义务发生分歧而引起的争议，又称劳动纠纷。

2001 年 4 月公布的《最高人民法院关于审理劳动争议案件适用法律若干问题的解释》第一条则将劳动争议界定为：劳动者与用人单位在履行劳动合同过程中发生的纠纷；劳动者与用人单位之间没有订立书面劳动合同，但已形成劳动关系后发生的纠纷；劳动者退休后，与尚未参加社会保险统筹的原用人单位因追索养老金、医疗费、工伤保险待遇和其他社会保险费而发生的纠纷。

劳动争议具体主要包括以下几类：劳动合同争议、工资支付争议、工伤争议；收取抵押金和身份证争议；等等。

劳动争议主要的解决途径有：双方自行协商解决；调解解决；仲裁解决；诉讼解决。

4.提起劳动争议诉讼必须先经过劳动争议仲裁吗？

《中华人民共和国劳动争议调解仲裁法》第五条规定："发生劳动争议，当事人不愿协商、协商不成或者达成和解协议后不履行的，可以向调解组织申请调解；不愿调解、调解不成或者达成调解协议后不履行的，可以向劳动争议仲裁委员会申请仲裁；对仲裁裁决不服的，除本法另有规定的外，可以向人民法院提起诉讼。"由此可见，劳动争议仲裁是人民法院受理劳动争议案件的前提条件。并且，《最高人民法院关于审理劳动争议案件适用法律若干问题的解释》第一条对此也作出了相同的解释。所以说，劳动争议如果不经过劳动争议仲裁委员会的仲裁，法院是不予受理的。但并非所有的劳动争议案件都要一定先经过劳动仲裁，比如有欠条的主张劳动报酬的案件也可以直接起诉。

如果劳动争议仲裁委员会在收到劳动者仲裁申请后，没有作出实质处理，而只是作出了不予受理的决定、裁决或通知，法院应当如何处理？《最高人民法院关于审理劳动争议案件适用法律若干问题的解释》第二条规定："劳动争议仲裁委员会以当事人申请仲裁的事项不属于劳动争议为由，作出不予受理的书面裁决、决定或者通知，当事人不服，依法向人民法院起诉的，人民法院应当分别情况予以处理：（一）属于劳动争议案件的，应当受理；（二）虽不属于劳动争议案件，但属于人民法院主管的其他案件，应当依法受理。"第三条规定："劳动争议仲裁委员会根据《劳动法》第八十二条之规定，以当事人的仲裁申请超过六十日期限为由，作出不予受理的书面裁决、决定或者通知，当事人不服，依法向人民法院起诉的，人民法院应当受理；对确已超过仲裁申请期限，又无不可抗力或者其他正当理由的，依法驳回其诉讼请求。"第四条规定："劳动争议仲裁委员会以申请仲裁的主体不适格为由，作出不予受理的书面裁决、决定或者通知，当事人不服，依法向人民法院起诉的，经审查，确属主体不适格的，裁定不予受理或者驳回起诉。"

5.劳动保障监察

劳动保障监察,是劳动保障行政机关依法对用人单位遵守劳动保障法律法规的情况进行监督检查,发现和纠正违法行为,并对违法行为依法进行制止、责令改正,并依照相关法律对违法行为人进行行政处罚的具体行政行为。

6.哪些情况可以向劳动监察机构投诉?

根据《劳动保障监察条例》第十一条的规定,下面这些情况下可以向劳动监察机构投诉。

(1)用人单位违反录用和招聘职工规定的。如有招用童工、收取风险抵押金、扣押身份证件等行为。

(2)用人单位违反有关劳动合同规定的。如拒不签订劳动合同、违法解除劳动合同、解除劳动合同后不按国家规定支付经济补偿金、国有企业终止劳动合同后不按规定支付生活补助费等。

(3)用人单位违反女职工和未成年工特殊劳动保护规定的。如安排女职工和未成年工从事国家规定的禁忌劳动、未对未成年工进行健康检查等。

(4)用人单位违反工作时间和休息休假规定的。如超时加班、强迫加班、不依法安排劳动者休假等。

(5)用人单位违反工资支付规定的。如克扣或无故拖欠工资、拒不支付加班工资、拒不遵守最低工资保障制度规定等。

(6)用人单位制定的内部劳动规章制度违反法律法规规定的。如用人单位的规章制度规定农民工不参加工伤保险,工伤责任由农民工自负等。

(7)用人单位违反社会保险规定的。如不依法为农民工参加社会保险和缴纳社会保险费,不依法支付工伤保险待遇等。

(8)用人单位违反劳动保障法律法规,侵害劳动者合法权益的。

(9)职业介绍机构、职业技能培训机构和职业技能考核鉴定机构违反有关规定的。如提供虚假信息、违法乱收费等。

(10)从事劳动能力鉴定的组织或者个人违反劳动能力鉴定规定的。如提供虚假鉴定意见、提供虚假诊断证明、收受当事人财物等。

(11)劳动者认为用人单位等侵犯其他劳动保障合法权益的。

第五章
医疗、养老

第一节
医疗纠纷

裁判要旨

　　患者在诊疗活动中受到损害,医疗机构或者其医务人员有过错的,由医疗机构承担赔偿责任。侵害他人造成人身损害的,应当赔偿医疗费、护理费、交通费等为治疗和康复支出的合理费用,以及因误工减少的收入。造成残疾的,还应当赔偿辅助器具费和残疾赔偿金。造成死亡的,还应当赔偿丧葬费和死亡赔偿金。

案例简介①

　　2011年1月19日,原告张某被矿石砸伤,当时已不能活动,被人救起送到被告迁安市人民医院进行治疗。住院时,医院给出的诊断结果是:创伤性休克,右侧第5肋骨骨折,腰背右侧皮肤软组织严重挫伤等。张某认为迁安市人民医院对自己后背伤口10天后才进行治疗,这已失去了最佳治疗时机,不但如此,医院在对伤口进行处理过程中,又曾中断处理,如中途会见他人,第二天才接着又处理后背伤口。这种极端不负责任的行为,造成了其后背大面积皮肤软组织缺损坏死,剥脱感染。张某家人见伤口肿胀,坏死破溃,渗液并剧烈疼痛,腰背部的伤口一天比一天严重,才不得不转院到唐山二院治疗(2011年2月6日),为此又花医疗费85000余元。加上其他损失,张某诉请被告赔偿各项损失107469元。

　　医院辩称,首先张某起诉事实与客观实际情况不符,主治医师是在患者腰骶部积血穿刺抽吸操作完后,离开去处理其他病人,而不是接待其他人。出现积血增多、软组织局部坏死等属该类病情重度创伤的演变,病情的发展经过符

---

① 中国裁判文书网.(2012)安民初字第1420号判决书:张某与迁安市人民医院医疗服务合同纠纷一审民事判决书(有删改)。

合发展规律,在整个医疗行为过程中,被告医务人员不存在过错,也没有违反相关诊疗规范。其次,原、被告双方出现纠纷后,均同意到唐山市医学会对该病例进行医疗事故鉴定,而唐山市医学会鉴定其不属于医疗事故,因此,被告不应承担任何民事责任。

人民法院审理认为:法律规定,患者在诊疗活动中受到损害,医疗机构及其医务人员有过错的,由医疗机构承担赔偿责任。原告认为被告在其入院10天后才对其背部伤口进行处理,错过了最佳治疗时机,因原告未提交相关证据证明,且被告不予认可,法院不予支持。原告认为被告在处理其腰背部伤口过程中中断处理会见他人,存在过错,因原告未提交相关证据,且被告不予认可,故法院不予支持。原告认为被告病历没有2011年1月19日处理伤口的记录,是被告隐匿病历的一种行为,应推定被告存在过错,理据不足,且被告提供了相应的病历记录予以反驳,故对于原告的主张法院不予支持。被告主张的对原告的病情不存在过错,不承担民事责任,理据不足,且原告不予认可,法院不予支持。唐山市医学会医疗事故技术鉴定书中认定被告迁安市人民医院在局部皮肤剥脱伤的处理上方法比较传统,存在欠缺,据此能够认定被告在对原告腰背部伤口的诊疗上存在过错,但医疗事故技术鉴定书中也认定皮肤坏死是病情转归之一,故根据本案的具体情况和法律规定,依法确认被告迁安市人民医院承担30%的赔偿责任。原告的经济损失有94941.91元,故被告应当赔偿原告各项经济损失28483元。最终判决被告迁安市人民医院赔偿原告张某各项经济损失28483元,驳回原告的其他诉讼请求。

经验总结

1.医疗事故既已发生,应理性对待。法院审理案件重事实与证据,暴力是无法解决问题的,相反可能会促使事件的进一步恶化。应分析事故发生的内在原因,明确在多大程度上能够归责于医院方,在多大程度上能够归责于患者方;切勿以"大闹大解决"等不分青红皂白的思维方式蛮干。

2.根据《最高人民法院关于民事诉讼证据的若干规定》,患者在起诉时应提交在医院就诊治疗、遭受损失的事实及损失具体数额等相关证据材料。因此,在患者觉得既有的损伤可能会是"医疗事故"的时候,应及时做好相关证据的收集与保存工作,如:门诊及住院病历等最原始的证据材料,各类化验单及各类检查结果,医师开具的药品、药品包装袋以及处方,死者尸体等。

3.明确医疗事故已经发生的,既可选择调解也可进行诉讼解决纠纷。

相关法律规定

一、《中华人民共和国民法典》

第一千一百七十九条 侵害他人造成人身损害的,应当赔偿医疗费、护理费、交通费、营养费、住院伙食补助费等为治疗和康复支出的合理费用,以及因误工减少的收入。造成残疾的,还应当赔偿辅助器具费和残疾赔偿金;造成死亡的,还应当赔偿丧葬费和死亡赔偿金。

第一千二百一十八条 患者在诊疗活动中受到损害,医疗机构或者其医务人员有过错的,由医疗机构承担赔偿责任。

二、《最高人民法院关于审理人身损害赔偿案件适用法律若干问题的解释》

第十七条 受害人遭受人身损害,因就医治疗支出的各项费用以及因误工减少的收入,包括医疗费、误工费、护理费、交通费、住宿费、住院伙食补助费、必要的营养费,赔偿义务人应当予以赔偿。

受害人因伤致残的,其因增加生活上需要所支出的必要费用以及因丧失劳动能力导致的收入损失,包括残疾赔偿金、残疾辅助器具费、被扶养人生活费,以及因康复护理、继续治疗实际发生的必要的康复费、护理费、后续治疗费,赔偿义务人也应当予以赔偿。

受害人死亡的,赔偿义务人除应当根据抢救治疗情况赔偿本条第一款规定的相关费用外,还应当赔偿丧葬费、被扶养人生活费、死亡补偿费以及受害人亲属办理丧葬事宜支出的交通费、住宿费和误工损失等其他合理费用。

三、《医疗纠纷预防和处理条例》

第二十六条第一款 患者死亡,医患双方对死因有异议的,应当在患者死亡后48小时内进行尸检;具备尸体冻存条件的,可以延长至7日。尸检应当经死者近亲属同意并签字,拒绝签字的,视为死者近亲属不同意进行尸检。不同意或者拖延尸检,超过规定时间,影响对死因判定的,由不同意或者拖延的一方承担责任。

延|伸|阅|读

医疗事故、医疗纠纷以及医疗事故罪

医疗事故一般是指医疗机构或者其医务人员在医疗活动中,违反医疗卫生管理法律、行政法规、部门规章和诊疗护理规范、常规,过失造成患者人身损害的事故。

医疗纠纷一般是指发生在医疗卫生、预防保健、医学美容等具有合法资质的医疗企事业法人或机构中,一方或多方当事人认为另一方或多方当事人在提供医疗服务或履行法定义务和约定义务时存在过失,造成实际损害后果,应当承担违约责任或侵权责任,但双方(或多方)当事人对所争议事实认识不同、相互争执、各执己见的情形。

确定是否为医疗事故一般都需要医疗事故鉴定委员会通过鉴定才能予以具体的认定。而医疗纠纷除了包括医疗事故之外,还涵盖医疗意外以及并发症等其他类型问题产生的纠纷。

根据《中华人民共和国刑法》第三百三十五条的规定,医疗事故罪是指医务人员由于严重不负责任,造成就诊人死亡或者严重损害就诊人身体健康的行为。如果医务人员在诊疗护理工作中有严重不负责任的行为,并且因严重不负责任行为导致病人严重损害身体健康或死亡的结果,而且严重不负责任行为与病员重伤、死亡之间必须存在刑法上的因果关系,就构成医疗事故罪。医务人员由于严重不负责任,造成就诊人死亡或者严重损害就诊人身体健康的,处三年以下有期徒刑或者拘役。

| 第二节 |
医疗保险

裁|判|要|旨

职工应当参加职工基本医疗保险,由用人单位和职工按照国家规定共同缴纳基本医疗保险费。

案例简介①

许某于 2011 年 7 月 1 日至某公司工作,系橡塑操作工,工资每月 3535 元,该公司未为其缴纳社会保险。2012 年 6 月 29 日 22 时 30 分许,许某中班下班后到公司宿舍楼下取摩托车准备回家时,发现其摩托车被水淋湿,他认为是同事张某某在楼上泼的水便骂张某某。张某某听到后从宿舍携带一把水果刀赶到楼下,向许某解释是晾衣服时水滴到他摩托车上的,但许某还是不停骂人。为此,双方发生口角并互相推搡,继而张某某手持水果刀将许某刺成重伤。许某被送往江阴市人民医院住院治疗。之后,许某起诉要求该公司赔偿医疗费等55967 元。

法院经审理认为:劳动者以用人单位未为其办理社会保险手续,且社会保险经办机构不能补办导致其无法享受社会保险待遇为由,要求用人单位赔偿损失而发生争议的,人民法院应予受理。应当由第三人负担的医疗费用不纳入基本医疗保险基金支付范围。本案中,许某受伤是由第三人张某某故意伤害导致,即使该公司为许某依法缴纳了医疗保险费,医疗保险经办机构也不予报销相关医疗费用,故许某以该公司未为其缴纳社会保险为由要求该公司赔偿医疗费损失的诉请于法无据,法院不予支持。

经验总结

1. 正确区分社会保险的种类

医疗保险、工伤保险、失业保险、生育保险以及养老保险是五种不同的社会保险种类,因此在具体的情形中,各自的缴纳、领取以及适用情形存在差别。

2. 骗取医疗保险的后果

如果故意以一种形式适用另一种形式,构成骗保的话将产生严重后果。因此,应谨记"切勿骗保"。一般而言,医疗保险骗保的后果:(1)医疗保险骗保5000 元,由人力资源社会保障行政部门责令退回骗取的社会医疗保险基金,同时处以违法违规行为涉及金额的两倍以上五倍以下罚款;(2)若是造成严重损

---

① 中国裁判文书网.(2013)澄民初字第 1210 号判决书:许某与某公司医疗保险待遇纠纷一审民事判决书(有删改)。

失的,可暂停其社会医疗保险待遇;(3)构成犯罪的,将移送司法机关依法追究刑事责任。

相关法律规定

一、《中华人民共和国劳动法》

第四十四条 有下列情形之一的,用人单位应当按照下列标准支付高于劳动者正常工作时间工资的工资报酬:

(一)安排劳动者延长工作时间的,支付不低于工资的百分之一百五十的工资报酬……

第七十三条第一款 劳动者在下列情形下,依法享受社会保险待遇:

(一)退休;

(二)患病、负伤;

(三)因工伤残或者患职业病;

(四)失业;

(五)生育。

二、《中华人民共和国劳动合同法》

第四十四条 有下列情形之一的,劳动合同终止:

(一)劳动合同期满的;

(二)劳动者开始依法享受基本养老保险待遇的;

(三)劳动者死亡,或者被人民法院宣告死亡或者宣告失踪的;

(四)用人单位被依法宣告破产的;

(五)用人单位被吊销营业执照、责令关闭、撤销或者用人单位决定提前解散的;

(六)法律、行政法规规定的其他情形。

三、《中华人民共和国劳动争议调解仲裁法》

第二十七条第一款 劳动争议申请仲裁的时效期间为一年。仲裁时效期间从当事人知道或者应当知道其权利被侵害之日起计算。

四、《最高人民法院关于审理劳动争议案件适用法律若干问题的解释(三)》

第七条 用人单位与其招用的已经依法享受养老保险待遇或领取退休金的人员发生用工争议,向人民法院提起诉讼的,人民法院应当按劳务关系处理。

延伸阅读

1. 医疗保险

医疗保险是指保障劳动者及其供养亲属非因工患病或负伤后在医疗上获得物质帮助的一种社会保险制度。医疗保险由个人和单位共同缴纳,具体费用根据各地政策规定的缴费基数计算。其中,个人缴纳的全部归个人账户,单位缴纳的一部分按照职工不同年龄段划入个人账户,其余部分划入医疗保险统筹基金。医保卡可以在门诊刷卡支付费用,也可以在指定药店买药刷卡,以及住院使用。医保卡如果丢失了不用慌,可以凭有效身份证件及复印件在当地社保局进行补办。

2. 劳动关系与劳务关系

医疗保险一般都以劳动关系的存在为前提,确定是否存在劳动关系将直接影响医疗保险的裁判结果。判断是否属于劳动关系,主要基于三方面内容:(1)双方主体,即建立劳动关系的双方是劳动者和用人单位;(2)劳动者是否严格遵守企业的规章制度,这一点主要涉及非全日制用工的情况;(3)是否发放工资。以上三点同时具备一般就是劳动关系,而与是否签订劳动合同无关。符合条件的,即使未签订劳动合同也形成了事实劳动关系。

现实生活中,与劳动关系较易混淆的是劳务关系,二者存在如下区别:(1)主体不同。劳动关系的主体是确定的,一方是用人单位,另一方必然是劳动者。而劳务关系的主体是不确定的,既可能是两个平等主体,也可能是两个以上的平等主体;可能是法人之间的关系,也可能是自然人之间的关系,还可能是法人与自然人之间的关系。(2)关系不同。劳动关系的两个主体之间不仅存在财产关系即经济关系,还存在着人身关系,即行政隶属关系。劳动者除提供劳动之外,还要接受用人单位的管理,服从其安排,遵守其规章制度等内容。而劳务关系的两个主体之间只存在财产关系,即一方提供劳务服务,另一方支付劳务报酬。彼此之间不存在行政隶属关系,其主体地位更加平等。(3)劳动主体的待遇不同。劳动关系中的劳动者除获得工资报酬外,还享有保险、福利待遇等;而劳务关系中的自然人,一般只获得劳动报酬。(4)合同的法定形式不同。劳动关系一般都用书面的劳动合同来确立,而劳务关系除书面合同外,还可以是口头和其他形式确立。(5)适用的法律不同。劳动关系适用《中华人民共和国劳动法》,而劳务关系则适用《中华人民共和国合同法》。

第三节
养老保险

裁判要旨

劳动者以用人单位未为其缴纳养老保险费致使其不能依法享受养老保险待遇为由,请求用人单位赔偿养老保险待遇损失的,人民法院应当予以支持;养老保险待遇损失应当以上年度统筹区域社会平均养老金为标准,按照劳动者在用人单位的工作年限与以统筹区域人口平均预期寿命计算的享受养老保险待遇的年限的比例进行计算。

案例简介

2007年2月,冯某某开始在某某机械有限责任公司上班。2007年11月9日至2012年8月15日,某某机械公司与冯某某签订了书面劳动合同,但未为冯某某缴纳养老保险费。2012年7月5日,冯某某以某某机械公司未给其参加社会保险为由,向某某机械公司发出《解除劳动合同通知书》,要求解除双方之间的劳动关系,某某机械公司于次日收到该通知书。此后,冯某某提起仲裁、诉讼,要求某某机械公司赔偿养老保险待遇损失。

经验总结

1. 为职工缴纳养老保险是用人单位的法定义务,单位不为劳动者购买养老保险就是违反法律的规定;只要签订劳动合同,用人单位就必须给劳动者缴纳养老保险。《中华人民共和国劳动法》第七十二条规定:"社会保险基金按照保险类型确定资金来源,逐步实行社会统筹。用人单位和劳动者必须依法参加社会保险,缴纳社会保险费。"

2. 任何组织或者个人有权对违反社会保险法律、法规的行为进行举报、投诉。社会保险行政部门、卫生行政部门、社会保险经办机构、社会保险费征收机构和财政部门、审计机关对属于本部门、本机构职责范围的举报、投诉,应当依法处理;对不属于本部门、本机构职责范围的,应当书面通知并移交有权处理的部门、机构处理。有权处理的部门、机构应当及时处理,不得推诿。因此,在自身权利受到侵犯的时候,当事人可以依法向社会保险行政部门等机关进行举报、投诉。当然,也可申请劳动仲裁以及提起诉讼。

相关法律规定

一、《中华人民共和国社会保险法》

第十条 职工应当参加基本养老保险,由用人单位和职工共同缴纳基本养老保险费。

无雇工的个体工商户、未在用人单位参加基本养老保险的非全日制从业人员以及其他灵活就业人员可以参加基本养老保险,由个人缴纳基本养老保险费。

公务员和参照公务员法管理的工作人员养老保险的办法由国务院规定。

第十四条 个人账户不得提前支取,记账利率不得低于银行定期存款利率,免征利息税。个人死亡的,个人账户余额可以继承。

第十六条 参加基本养老保险的个人,达到法定退休年龄时累计缴费满十五年的,按月领取基本养老金。

参加基本养老保险的个人,达到法定退休年龄时累计缴费不足十五年的,可以缴费至满十五年,按月领取基本养老金;也可以转入新型农村社会养老保险或者城镇居民社会养老保险,按照国务院规定享受相应的养老保险待遇。

第十七条 参加基本养老保险的个人,因病或者非因工死亡的,其遗属可以领取丧葬补助金和抚恤金;在未达到法定退休年龄时因病或者非因工致残完全丧失劳动能力的,可以领取病残津贴。所需资金从基本养老保险基金中支付。

二、《中华人民共和国劳动合同法》

第十条 建立劳动关系,应当订立书面劳动合同。

已建立劳动关系,未同时订立书面劳动合同的,应当自用工之日起一个月内订立书面劳动合同。

用人单位与劳动者在用工前订立劳动合同的,劳动关系自用工之日起建立。

第三十八条 用人单位有下列情形之一的,劳动者可以解除劳动合同:

(一)未按照劳动合同约定提供劳动保护或者劳动条件的;

（二）未及时足额支付劳动报酬的；

（三）未依法为劳动者缴纳社会保险费的；

（四）用人单位的规章制度违反法律、法规的规定，损害劳动者权益的；

（五）因本法第二十六条第一款规定的情形致使劳动合同无效的；

（六）法律、行政法规规定劳动者可以解除劳动合同的其他情形。

用人单位以暴力、威胁或者非法限制人身自由的手段强迫劳动者劳动的，或者用人单位违章指挥、强令冒险作业危及劳动者人身安全的，劳动者可以立即解除劳动合同，不需事先告知用人单位。

第四十六条 有下列情形之一的，用人单位应当向劳动者支付经济补偿：

（一）劳动者依照本法第三十八条规定解除劳动合同的；

（二）用人单位依照本法第三十六条规定向劳动者提出解除劳动合同并与劳动者协商一致解除劳动合同的；

（三）用人单位依照本法第四十条规定解除劳动合同的；

（四）用人单位依照本法第四十一条第一款规定解除劳动合同的；

（五）除用人单位维持或者提高劳动合同约定条件续订劳动合同，劳动者不同意续订的情形外，依照本法第四十四条第一项规定终止固定期限劳动合同的；

（六）依照本法第四十四条第四项、第五项规定终止劳动合同的；

（七）法律、行政法规规定的其他情形。

三、《中华人民共和国劳动法》

第七十二条 社会保险基金按照保险类型确定资金来源，逐步实行社会统筹。用人单位和劳动者必须依法参加社会保险，缴纳社会保险费。

四、《最高人民法院关于审理劳动争议案件适用法律若干问题的解释（三）》

第一条 劳动者以用人单位未为其办理社会保险手续，且社会保险经办机构不能补办导致其无法享受社会保险待遇为由，要求用人单位赔偿损失而发生争议的，人民法院应予受理。

延伸阅读

我国的社会保险体系

国家建立基本养老保险、基本医疗保险、工伤保险、失业保险、生育保险等社会保险制度，保障公民在年老、疾病、工伤、失业、生育等情况下依法从国家和社会获得物质帮助的权利。现有社会保险主要包括：养老保险、医疗保险、工伤保险、失业保险、生育保险，这就是人们常说的"五险"，也是人们口中的"社保"。它是由国家设定的，费用由国家、企业和个人共同承担的一种社会互济的方式，是一种用以保障劳动者能够获得补偿和帮助的社会保障制度。

第六章
交通安全

第一节
交通事故的责任承担

一、受害人特殊体质并非减轻肇事者责任的法定情形

裁判要旨

交通事故的受害人没有过错,其体质状况对损害后果的影响不属于可以减轻侵权人责任的法定情形。

案例简介①

2012 年 2 月 10 日,被告王某驾驶号牌为苏 MT××××的轿车沿江苏省无锡市滨湖区蠡湖大道由北往南行驶至蠡湖大道大通路口人行横道线时,碰擦行人荣某某致其受伤。2 月 11 日,滨湖交警大队作出《道路交通事故认定书》。荣某某申请并经无锡市中西医结合医院司法鉴定所鉴定,结论为:荣某某左桡骨远端骨折的伤残等级评定为十级;左下肢损伤的伤残等级评定为九级。损伤参与度评定为 75%,其个人体质的因素占 25%。

一审法院据此确认受害人的残疾赔偿金扣减 25%。

荣某某向江苏省无锡市中级人民法院提出上诉。二审法院裁判认为,交通事故中在计算残疾赔偿金是否应当扣减时应当根据受害人对损失的发生或扩大是否存在过错进行分析。本案中,虽然原告荣某某的个人体质状况对损害后果的发生具有一定的影响,但这不是侵权责任法等法律规定的过错,荣某某不应因个人体质状况对交通事故导致的伤残存在一定影响而自负相应责任,在计算残疾赔偿金时不应作相应扣减。

---

① 聚法网. (2013)锡民终字第 497 号判决书:荣某某诉王某、某财产保险公司机动车交通事故责任纠纷案判决书(有删改)。

经 验 总 结

从交通事故受害人发生损伤及造成损害后果的因果关系看,若交通事故的引发系肇事者驾驶机动车违反交通规则,未尽到安全注意义务碰擦行人所致,交通事故造成的损害后果系受害人被机动车碰撞、跌倒发生骨折所致,事故责任认定受害人对本起事故不负责任的,其对事故的发生及损害后果的造成均无过错。受害人的特殊体质(如骨质疏松),仅仅是事故造成后果的客观因素,并无法律上的因果关系。因此,受害人对于损害的发生或者扩大没有过错,不存在减轻或者免除加害人赔偿责任的法定情形。同时,机动车应当遵守文明行车、礼让行人的一般交通规则和社会公德。当事故发生在人行横道线上时,正常行走的受害人对将被机动车碰撞这一事件无法预见,而驾驶机动车在经过人行横道线时未依法减速慢行、避让行人,导致事故发生。因此,依法应当由机动车一方承担事故引发的全部赔偿责任。

相 关 法 律 规 定

一、《中华人民共和国民法典》

第一千二百三十九条 ……被侵权人对损害的发生有重大过失的,可以减轻占有人或者使用人的责任。

二、《中华人民共和国道路交通安全法》

第七十六条第一款第(二)项规定 机动车与非机动车驾驶人、行人之间发生交通事故,非机动车驾驶人、行人没有过错的,由机动车一方承担赔偿责任;有证据证明非机动车驾驶人、行人有过错的,根据过错程度适当减轻机动车一方的赔偿责任……

延 伸 阅 读

根据我国道路交通安全法的相关规定,机动车发生交通事故造成人身伤亡、财产损失的,由保险公司在机动车第三者责任强制保险(即交强险)责任限额范围内予以赔偿。而我国法律并未规定在确定交强险责任时应依据受害人体质状况对损害后果的影响作相应扣减,保险公司的免责事由也仅限于受害人故意造成交通事故的情形,即便是投保机动车无责,保险公司也应在交强险无责限额内予以赔偿。因此,对于受害人符合法律规定的赔偿项目和标准的损失,均属于交强险的赔偿范围,参照"损伤参与度"确定损害赔偿责任和交强险责任均没有法律依据。

二、套牌机动车发生交通事故的责任承担

裁判要旨

机动车所有人或者管理人将机动车号牌出借他人套牌使用,或者明知他人套牌使用其机动车号牌不予制止,套牌机动车发生交通事故造成他人损害的,机动车所有人或者管理人应当与套牌机动车所有人或者管理人承担连带责任。

案例简介①

2008 年 11 月 25 日,林某某驾驶套牌的鲁F4××××货车在同三高速公路某段行驶时,与同向行驶的周某某驾驶的客车相撞,两车冲下路基,客车翻滚致车内乘客当场死亡。经交警部门认定,货车司机林某某负主要责任,客车司机周某某负次要责任,乘客不负事故责任。

鲁F4××××号牌在车辆管理部门登记的货车并非肇事货车,该号牌登记货车的所有人系烟台市福山区汽车运输公司(以下简称"福山公司"),实际所有人系卫德某,该货车在永安财产保险股份有限公司烟台中心支公司(以下简称"永安保险公司")投保机动车第三者责任强制保险。

套牌使用鲁F4××××号牌的货车(肇事货车)实际所有人为卫广某,林某某系卫广某雇佣的司机。审理中,卫广某表示,卫德某对套牌事宜知情并收取套牌费,事发后卫广某还向卫德某借用鲁F4××××号牌登记货车的保单去处理事故,保单仍在卫广某处。

---

① 最高人民法院指导案例 19 号:赵某某等诉福山公司、卫德某等机动车交通事故责任纠纷案(有删改)。

发生事故的客车的登记所有人系朱某某，但该车辆几经转手，现实际所有人系周某某，朱某某对该客车既不支配也未从该车运营中获益。上海腾飞建设工程有限公司（以下简称"腾飞公司"）系周某某的雇主，但事发时周某某并非履行职务。该客车在中国人民财产保险股份有限公司上海市分公司（以下简称"人保公司"）投保了机动车第三者责任强制保险。

法院生效裁判认为，根据本案交通事故责任认定，肇事货车司机林某某负事故主要责任，而卫广某是肇事货车的实际所有人，也是林某某的雇主，故卫广某和林某某应就本案事故损失连带承担主要赔偿责任。永安保险公司承保的鲁F4××××货车并非实际肇事货车，其也不知道鲁F4××××机动车号牌被肇事货车套牌，故永安保险公司对本案事故不承担赔偿责任。根据交通事故责任认定，本案客车司机周某某对事故负次要责任，周某某也是该客车的实际所有人，故周某某应对本案事故损失承担次要赔偿责任。朱某某虽系该客车的登记所有人，但该客车已几经转手，朱某某既不支配该车，也未从该车运营中获益，故其对本案事故不承担责任。周某某虽受雇于腾飞公司，但本案事发时周某某并非在为腾飞公司履行职务，故腾飞公司对本案亦不承担责任。

鲁F4××××货车的登记所有人福山公司和实际所有人卫德某，明知卫广某等人套用自己的机动车号牌而不予阻止，且提供方便，纵容套牌货车在公路上行驶，福山公司与卫德某的行为已属于出借机动车号牌给他人使用的情形，该行为违反了《中华人民共和国道路交通安全法》等有关机动车管理的法律规定。故福山公司和卫德某应对卫广某与林某某一方的赔偿责任份额承担连带责任。

经|验|总|结

将机动车号牌出借他人套牌使用，将会纵容不符合安全技术标准的机动车通过套牌在道路上行驶，增加道路交通的危险性，危及公共安全。套牌机动车发生交通事故造成损害，号牌出借人同样存在过错，对于肇事的套牌车一方应负的赔偿责任，号牌出借人应当承担连带责任。

相关法律规定

一、《中华人民共和国民法典》

第一千一百六十八条 二人以上共同实施侵权行为,造成他人损害的,应当承担连带责任。

二、《中华人民共和国道路交通安全法》

第十六条 任何单位或者个人不得有下列行为:

(一)拼装机动车或者擅自改变机动车已登记的结构、构造或者特征;

(二)改变机动车型号、发动机号、车架号或者车辆识别代号;

(三)伪造、变造或者使用伪造、变造的机动车登记证书、号牌、行驶证、检验合格标志、保险标志;

(四)使用其他机动车的登记证书、号牌、行驶证、检验合格标志、保险标志。

延伸阅读

交通事故中受害人可获得的赔偿项目及计算标准

赔偿项目	计算标准
医疗费	医疗费赔偿金额＝医药费＋住院费＋诊疗费＋其他费用
误工费	①有固定收入的 误工费赔偿金额＝受害人最近三年平均收入(元/天)×误工时间(天) ②无固定收入,但受害人能够举证证明其最近三年的平均收入状况的 误工费赔偿金额＝受害人最近三年平均收入(元/天)×误工时间(天) ③无固定收入,且不能够举证证明其最近三年的平均收入状况的 误工费赔偿金额＝相同或相近行业上一年职工平均工资(元/天)×误工时间
住院伙食补助费	住院伙食补助费赔偿金额＝交通事故发生地国家机关一般工作人员出差伙食补助标准(元/天)×住院天数

续表

赔偿项目	计算标准
护理费	①护理人员有收入的 护理费赔偿金额＝误工费 ②护理人员没有收入或者雇佣护工的 护理费赔偿金额＝当地同等级别护理的劳务报酬(元/天)×护理期限
残疾赔偿金	①受害人不满 60 岁 残疾赔偿金＝受诉法院所在地上一年度城镇居民人均可支配收入×伤残系数×20 年 ②受害人 60 周岁以上不满 75 周岁 残疾赔偿金＝受诉法院所在地上一年度城镇居民人均可支配收入×伤残系数×[20－(受害人实际年龄－60)]年 ③受害人 75 周岁以上 残疾赔偿金＝受诉法院所在地上一年度城镇居民人均可支配收入×伤残系数×5 年
残疾辅助器具费	残疾辅助器具费＝普通适用器具的合理费用×器具数量
丧葬费	丧葬费赔偿额＝受诉法院所在地上一年度职工月平均工资(元/月)×6 个月
死亡赔偿金（补助费）	①死亡人不满 60 岁 死亡赔偿金＝受诉法院所在地上一年度城镇居民人均可支配收入×20 年 ②死亡人为 60 周岁以上不满 75 周岁 死亡赔偿金＝受诉法院所在地上一年度城镇居民人均可支配收入×[20－(死亡人死亡时实际年龄－60)]年 ③死亡人 75 周岁以上 死亡赔偿金＝受诉法院所在地上一年度城镇居民人均可支配收入×5 年

续表

赔偿项目	计算标准
被扶养人生活费	①被扶养人不满18周岁 被扶养人生活费＝受诉法院所在地上一年度城镇居民人均消费性支出或者农村居民人均年生活消费支出×(18－被扶养人实际年龄)年×伤残赔偿指数 ②被扶养人已满18周岁未满60周岁 被扶养人生活费＝受诉法院所在地上一年度城镇居民人均消费性支出或者农村居民人均年生活消费支出×20年×伤残赔偿指数 ③被扶养人60周岁以上不满75周岁 被扶养人生活费＝受诉法院所在地上一年度城镇居民人均消费性支出或者农村居民人均年生活消费支出×[20－(被扶养人实际年龄－60)]年×伤残赔偿指数 ④被扶养人75周岁以上 被扶养人生活费＝受诉法院所在地上一年度城镇居民人均消费性支出或者农村居民人均年生活消费支出×5年×伤残赔偿指数
交通费	交通费赔偿金额＝往返费用×往返次数×往返人数
住宿费	住宿费赔偿金额＝国家机关一般工作人员出差住宿标准×住宿时间(天)
营养费	营养费赔偿金额＝实际发生的必要营养费
直接财产损失赔偿费	直接财产损失赔偿费＝受损坏的财产的直接损失
车辆停运损失费	车辆停运损失费＝事故车辆停运期间的实际损失
精神损害赔偿	确定精神损害的赔偿数额所要考虑的因素如下:侵权人的过错程度,侵害的手段、场合、行为方式等具体情节,侵权行为所造成的后果,侵权人的获利情况,侵权人承担责任的经济能力,受诉法院所在地的平均生活水平,受害人是否有过错及过错程度

三、以家庭自用车辆投保而进行网约车运营,保险公司责任的承担

⚖ 裁 判 要 旨

在合同有效期内,保险标的的危险程度显著增加的,被保险人应当及时通知保险人,保险人可以增加保险费或者解除合同。被保险人未作通知,因保险标的危险程度显著增加而发生的保险事故,保险人不承担赔偿责任。以家庭自用名义投保的车辆从事网约车营运活动,显著增加了车辆的危险程度,被保险人应当及时通知保险公司。被保险人未作通知,因从事网约车营运发生的交通事故,保险公司可以在第三者责任商业保险(即商业保险三者险)范围内免赔。

🏛 案 例 简 介 ①

2015 年 7 月 28 日下午,张某通过打车软件接到网约车订单,张某驾车搭载网约车乘客,转弯过程中,遇程某某驾驶电动自行车通过该路口,两车碰撞,致程某某受伤、车辆损坏。经鉴定,程某某颅脑损伤所致轻度精神障碍,日常活动能力部分受限构成九级伤残,颅骨缺损 6 平方厘米以上构成十级伤残。张某驾驶的轿车行驶证上的使用性质为"非营运"。2015 年 3 月 28 日,张某在人保南京分公司为该车投保了交强险、保额为 100 万的商业三者险,但保单上的使用性质为"家庭自用汽车"。

法院认为,关于本次交通事故责任划分问题。《中华人民共和国道路交通安全法》第七十六条规定机动车发生交通事故造成损失的,首先由保险公司在交强险责任限额内赔偿,不足部分,机动车与非机动车驾驶人之间发生交通事故,非机动车驾驶人无过错的,由机动车一方承担赔偿责任;有证据证明非机动车驾驶人有过错的,根据过错程度适当减轻机动车一方的赔偿责任。本案中,张某应负事故全部责任,程某某因本次交通事故产生的损失首先由被告人保南京分公司在交强险责任限额内赔偿,不足部分,由机动车一方赔偿。

---

① 聚法网.(2016)苏 0115 民初 5756 号判决书:程某某诉张某、人保南京分公司机动车交通事故责任纠纷一案民事判决书(有删改)。

关于人保南京分公司是否应当在商业三者险内赔偿的问题。《中华人民共和国保险法》第五十二条规定"在合同有效期内,保险标的的危险程度显著增加的,被保险人应当按照合同约定及时通知保险人,保险人可以按照合同约定增加保险费或者解除合同。……被保险人未履行前款规定的通知义务的,因保险标的的危险程度显著增加而发生的保险事故,保险人不承担赔偿保险金的责任"。保险合同是双务合同,保险费与保险赔偿金为对价关系,保险人依据投保人告知的情况,评估危险程度而决定是否承保以及收取多少保险费。保险合同订立后,如果危险程度显著增加,保险事故发生的概率超过了保险人在订立保险合同时对事故发生的合理预估,如果仍然按照之前保险合同的约定要求保险人承担保险责任,对保险人显失公平。故保险公司在商业三者险内不负赔偿责任。

经验总结

在当前车辆保险领域中,保险公司根据被保险车辆的用途,将其分为家庭自用和营运车辆两种,并设置了不同的保险费率,营运车辆的保费接近家庭自用的两倍。这是因为,相较于家庭自用车辆,营运车辆的运行里程多,使用频率高,发生交通事故的概率也自然更大。车辆的危险程度与保险费是对价关系,家庭自用车辆的风险小,支付的保费低;营运车辆风险大,支付的保费高。以家庭自用名义投保的车辆,从事营运活动,车辆的风险显著增加,投保人应当及时通知保险公司,保险公司可以增加保费或者解除合同并返还剩余保费。投保人未通知保险公司而要求保险公司赔偿营运造成的事故损失,显失公平。

营运活动与家庭自用的区别在于:第一,营运以收取费用为目的,家庭自用一般不收取费用。第二,营运的服务对象是不特定的人,与车主没有特定的关系;家庭自用的服务对象一般为家人、朋友等与车主具有特定关系的人。而本案中,张某通过打车软件接下网约车订单,其有收取费用的意图,且所载乘客与其没有特定关系,符合营运的特征。

相关法律规定

一、《中华人民共和国道路交通安全法》

第七十六条　机动车发生交通事故造成人身伤亡、财产损失的,由保险公司在机动车第三者责任强制保险责任限额范围内予以赔偿；不足的部分，按照下列规定承担赔偿责任：

（一）机动车之间发生交通事故的，由有过错的一方承担赔偿责任；双方都有过错的，按照各自过错的比例分担责任。

（二）机动车与非机动车驾驶人、行人之间发生交通事故，非机动车驾驶人、行人没有过错的，由机动车一方承担赔偿责任；有证据证明非机动车驾驶人、行人有过错的，根据过错程度适当减轻机动车一方的赔偿责任；机动车一方没有过错的，承担不超过百分之十的赔偿责任。

交通事故的损失是由非机动车驾驶人、行人故意碰撞机动车造成的，机动车一方不承担赔偿责任。

二、《中华人民共和国保险法》

第五十二条 在合同有效期内，保险标的的危险程度显著增加的，被保险人应当按照合同约定及时通知保险人，保险人可以按照合同约定增加保险费或者解除合同。……被保险人未履行前款规定的通知义务的，因保险标的的危险程度显著增加而发生的保险事故，保险人不承担赔偿保险金的责任。

延伸阅读

交强险赔偿项目和限额

《中国保监会关于调整交强险责任限额的公告》中明确赔偿限额分为有责任赔偿限额和无责任赔偿限额。

有责任赔偿限额包括机动车负有全部责任、主要责任、同等责任和次要责任四种情形。

(1)有责任赔偿限额为 122000 元

由以下三个赔偿项目组成：

死亡伤残赔偿限额为 110000 元；

医疗费用赔偿限额为 10000 元；

财产损失赔偿限额为 2000 元。

(2)无责任赔偿限额为 12100 元

由以下三个赔偿项目组成：

死亡伤残赔偿限额为 11000 元；

医疗费用赔偿限额为 1000 元；

财产损失赔偿限额为 100 元。

四、好意同乘时驾驶人应对搭乘人承担的责任

裁判要旨

好意同乘是指车辆供乘人不以牟利为目的而邀请或者允许搭乘人搭乘车辆的行为。好意同乘行为本属于一种情谊行为,搭乘人和车主间并不构成客运合同关系,但供乘人一旦邀请或允许他人搭乘,则负有保障搭乘人人身安全的注意义务。如因驾驶人的过错在好意同乘中发生交通事故,车辆驾驶人应承担与其过错相适应的侵权赔偿责任。但是,鉴于该侵权事实系发生在情谊行为过程中,基于鼓励助人为乐、相互帮助的公序良俗,可以根据案件具体情况,酌情减轻车辆驾驶人对搭乘人的赔偿责任。

案例简介①

2016 年 1 月 27 日,沈某某、丁某某、王某某、陶某某、张某某等人免费搭乘茅某驾驶的苏 A××××号小型普通客车。当日,李某某驾驶皖 M××××号小型客车与苏 A××××号小型普通客车发生相撞,苏 A××××号小型普通客车乘坐人王某某受伤后于当天抢救无效死亡,其他免费搭乘人也受伤。2016 年 2 月 17 日,交通管理大队出具《道路交通事故认定书》,认定李某某负事故主要责任,茅某负事故次要责任。钱向某、钱玉某为王某某的第一顺序继承人。

皖 M××××号小型客车的车主是李某某,李某某为该车辆在太平洋保险滁州公司投保了交强险和商业三者险。苏 A××××号小型普通客车的车主系金纪公司。茅某系金纪公司的法定代表人,金纪公司将苏 A××××号小型普通客车交由茅某实际使用。

法院认为,太平洋保险公司滁州公司应首先在交强险保险限额内承担赔偿

---

① 聚法网.(2016)苏 0102 民初 1002 号判决书:钱向某与钱玉某、李某某等机动车交通事故责任纠纷一审民事判决书(有删改)。

责任。由于本起交通事故致多人受伤,故太平洋保险公司滁州公司应在交强险保险限额内预留部分份额以赔偿给其他人。超出该赔偿限额的部分,因李某某负事故主要责任,茅某负事故次要责任。因李某某还投了商业三者险,对李某某须承担的赔偿责任部分,由太平洋保险滁州公司按商业三者险保险合同约定进行赔偿。由于本起交通事故致多人受伤,故太平洋保险公司滁州公司应在商业三者险保险限额内预留部分份额以赔偿给其他人,超出太平洋保险滁州公司赔偿限额和赔偿范围的部分,由李某某赔偿。对茅某须承担的赔偿责任部分,因茅某所驾驶车辆的车主系金纪公司,金纪公司同意与茅某承担连带赔偿责任,故金纪公司应与茅某承担连带赔偿责任。

经 验 总 结

　　关于是否应当减轻好意同乘驾驶者的赔偿责任问题。好意同乘是指车辆供乘人不以牟利为目的邀请或者允许搭乘人搭乘车辆的行为。好意同乘是一种好意施惠行为,这种行为本身不是民事法律行为。驾驶人只是基于良好的道德风尚邀请或允许同乘人搭乘,属于一种情谊行为,驾驶人与同乘人并没有设定法律上的权利义务关系,应由道德规范来调整。好意同乘是我国社会乐于助人良好社会道德风尚的具体体现,其核心要素是车辆供乘人不以牟利为目的,而是旨在为他人提供帮助。虽然好意同乘行为本身系一种不受法律调整的情谊行为,但搭乘人无偿或以较小成本乘坐他人车辆并不意味着其甘愿冒一切风险,车辆供乘人因邀请或允许他人搭乘的情谊行为的履行而负有保障搭乘人人身和财产安全的安全注意义务。在好意同乘中发生交通事故,造成搭乘人损害的情形下,好意同乘行为就转变为侵权行为,车辆驾驶人应对其过错承担法律责任。要求驾驶人承担法律责任并不是否定助人为乐的良好动机,而是要求驾驶人尽到合理注意义务,保障搭乘人的安全。关于在好意同乘中发生交通事故构成侵权行为的情况下,是否可以适当减轻驾驶人责任的问题,法院认为,为体现司法对情谊行为的有限介入,鼓励助人为乐、相互帮助的施惠行为,应当对施惠者采取宽容的态度。

相关法律规定

一、《中华人民共和国民法典》

第一千一百七十一条　二人以上分别实施侵权行为造成同一损害,每个人的侵权行为都足以造成全部损害的,行为人承担连带责任。

第一千一百七十二条　二人以上分别实施侵权行为造成同一损害,能够确定责任大小的,各自承担相应的责任;难以确定责任大小的,平均承担责任。

第一千一百七十九条　侵害他人造成人身损害的,应当赔偿医疗费、护理费、交通费、营养费、住院伙食补助费等为治疗和康复支出的合理费用,以及因误工减少的收入。造成残疾的,还应当赔偿辅助器具费和残疾赔偿金;造成死亡的,还应当赔偿丧葬费和死亡赔偿金。

二、《最高人民法院关于审理道路交通事故损害赔偿案件适用法律若干问题的解释》

第十六条　同时投保机动车第三者责任强制保险(以下简称"交强险")和第三者责任商业保险(以下简称"商业三者险")的机动车发生交通事故造成损害,当事人同时起诉侵权人和保险公司的,人民法院应当按照下列规则确定赔偿责任:

(一)先由承保交强险的保险公司在责任限额范围内予以赔偿;

(二)不足部分,由承保商业三者险的保险公司根据保险合同予以赔偿;

(三)仍有不足的,依照道路交通安全法和侵权责任法的相关规定由侵权人予以赔偿。

被侵权人或者其近亲属请求承保交强险的保险公司优先赔偿精神损害的,人民法院应予支持。

延伸阅读

向保险公司索赔的主要原则

(1)事故发生后及时报案。一方面让保险公司知道发生了事故,另一方面也可以向保险公司咨询如何处理、保护现场,如何向对方索要事故证明等,以免事后索赔时处于被动。

（2）事故发生后要及时施救,避免损失扩大。投保人应努力减少事故造成的损失,如果放任、故意扩大保险事故的损失,经证实的,保险人不负赔偿责任。

（3）积极配合保险公司,办理相关事宜。当事人需要积极协助保险公司对车辆查勘、照相、定损。

（4）及时向保险公司索赔,不要超过理赔周期。被保险人自保险车辆修复或事故处理结案之日起,3 个月内不向保险公司提出理赔申请,或自保险公司通知被保险人领取保险理赔款之日起 1 年内不领取应得的赔款,即视为自动放弃权益。车辆发生撞墙、撞台阶、撞水泥柱及树等不涉及向他人赔偿的事故时,可以不向交警等部门报案,及时向保险公司报案即可。在事故现场附近等候保险公司来人查勘,或将车开到保险公司报案、验车。

五、借用他人机动车发生交通事故,机动车责任的承担

裁 判 要 旨

当事人借用、租用他人机动车,在驾驶中未确保安全车速发生交通事故,车辆所有人无过错的,无须对当事人死亡而导致的相关损失承担赔偿责任。

案 例 简 介 ①

2011 年 10 月 23 日,被告李某驾驶被告杜某所有的机动车与原告刘某驾驶的二轮摩托车相撞,造成原告刘某受伤。经交通支队认定,被告李某负事故主要责任,原告刘某负事故次要责任。

法院经审理后认为,因租赁、借用等情形机动车所有人与使用人不是同一人时,发生交通事故后属于该机动车一方责任的,由保险公司在机动车强制保险责任限额范围内予以赔偿。不足部分,由机动车使用人承担赔偿责任;机动

---

① 北大法宝.【法宝引证码】CLI.C.2448315.刘某诉李某道路交通人身损害赔偿纠纷案(有删改)。

车所有人对损害的发生有过错的,承担相应的赔偿责任。根据查明的事实,被告李某与原告刘某之间发生交通事故,造成原告刘某人身等受有损失,因被告李某负事故主要责任、原告刘某负事故次要责任,故对于原告刘某的合理损失,首先应由被告保险公司在交强险责任限额内予以负担,剩余部分由作为肇事司机的被告李某按责任比例负担。如被告李某支付的上述款项超出了其应赔偿的数额,其可与原告刘某另行协商解决。被告杜某作为车辆登记所有人,并无证据表明其对此次事故的发生存在过错,杜某对此次交通事故不承担责任。

经|验|总|结

1.机动车借用、租赁情形下机动车使用人按照道路交通安全法第七十六条的规定承担责任。机动车借用、租赁情形下,机动车的实际使用人按照道路交通安全法第七十六条的规定承担相应的赔偿责任,意味着:第一,保险公司在机动车第三者责任强制保险责任限额内对第三人承担赔偿责任;第二,超出机动车第三者责任强制保险责任限额的部分,由机动车的实际使用人承担;第三,如果该交通事故是机动车与机动车相撞,超出机动车第三者责任强制保险责任限额部分的赔偿责任,按照机动车实际使用人的过错比例承担;如果该机动车与非机动车驾驶人、行人相撞,则适用无过错责任。

2.机动车所有人承担过错责任。在借用、租赁情形下发生交通事故时,机动车所有人承担过错责任。主要原因在于:首先,机动车所有人虽然不是机动车运行的实际控制人,但是,其仍然具有一般的注意义务。在基于其意思而移转机动车的占有、使用的场合,机动车所有人应当预见到机动车由他人驾驶会产生危险,在此情况下,机动车所有人应当尽到必要的审查义务。例如审查机动车的车况、使用人是否具备必要的驾驶能力等。其次,从危险责任的角度看,不能科以机动车所有人此种场合下以危险责任,因为无论是借用还是租赁,都是现代社会中的必要交易方式,如果科以机动车所有人以危险责任,对机动车所有人的行为自由、现代社会的社会关系和相关行业的发展都会造成过于严格的限制和阻碍。最后,从受害人获得赔偿的角度看,科以机动车所有人以过错责任,既能够在一定程度上加大对受害人的赔偿,也能够最大限度地保障行为人的行为自由。

相关法律规定

《中华人民共和国民法典》

第一千二百零九条 因租赁、借用等情形机动车所有人、管理人与使用人不是同一人时，发生交通事故造成损害，属于该机动车一方责任的，由机动车使用人承担赔偿责任；机动车所有人、管理人对损害的发生有过错的，承担相应的赔偿责任。

延伸阅读

第三者责任强制险，是指为了保护行人、其他车辆驾驶人等的合法权益，避免在发生交通事故时机动车的责任人无力赔偿受害人而强制要求机动车预先缴纳保险费的一种保险。第三者责任强制险的目的除了保护交通事故的受害人能够及时得到赔偿以外，还可以减轻肇事机动车一方的经济损失。第三者责任强制险实际上是一种责任保险，根据《中华人民共和国保险法》第六十五条第四款规定："责任保险是指以被保险人对第三者依法应负的赔偿责任为保险标的的保险。"在第三者责任强制保险关系中，机动车所有人或管理人是投保人，而不确定的第三人则是受益人。机动车所有人或者管理人在购买机动车进行登记注册时或者年检时，都应该向保险公司缴纳第三者责任强制险的保险金，这样，一旦发生交通事故，参加第三者责任强制险的机动车，由保险公司在责任限额内支付抢救费用，并针对事故造成的人身伤亡、财产损失给予赔偿。

第三者责任强制险的受益人，也就是交通事故的受害人，可以作为权利人直接向保险公司要求赔偿相关费用。如果保险公司的赔偿不足以弥补受害人的损失，受害人还可以继续向肇事者要求赔偿不足的部分。

| 第二节 |
交通事故的赔偿

一、调整赔偿数额和范围

裁|判|要|旨

肇事者与受害人达成的调解协议中约定的赔偿数额与受害致残一方的实际损失相差甚多、显失公平的情况,受害人根据伤残鉴定结果要求变更双方的协议,对赔偿范围和数额进行调整的,人民法院从公平、公正以及保护残疾人合法权益的角度出发,应当予以变更。

案|例|简|介①

2015 年 9 月 14 日,被告陈某(事发时系未成年人)驾驶电动自行车,车辆车头前部与行人原告陈某某身体发生碰撞,造成陈某某、陈某均倒地受伤及车辆损坏的道路交通事故。经交警大队调查,认定陈某负该起交通事故的全部责任,陈某某无责。其后,陈某某与陈某在交警大队的主持下,达成人民调解协议书一份,约定:陈某一次性赔偿陈某某医药费、护理费、营养费 8.4 万元,协议签订后,陈某及其父母(陈某权、魏某某)共向陈某某支付赔偿费用。后经鉴定,陈某某因此次交通事故致重型颅脑损伤遗留中度精神障碍,日常生活能力明显受限,构成五级伤残;开颅面积构成十级伤残,需长期设置护理。后陈某某将陈某及其父母起诉至法院,要求赔偿其因此次事故造成的各项损失 120 万余元。庭审中,三被告辩称双方已签订一次性解决本事故赔偿的协议,本案纠纷已经解决,应当驳回原告的诉讼请求。

---

① 北大法宝.【法宝引证码】CLI.C.60772109.陈某某诉陈某、陈某权、魏某某机动车交通事故责任纠纷案(有删改)。

人民法院经审理后认为，公民的生命健康权依法受到保护，侵害公民的身体健康应当承担相应赔偿责任。经查，涉案调解协议虽系原、被告各方自愿签订，但协议约定的赔偿数额一次性解决方式系原告在委托伤残鉴定前达成，与原告实际损害结果相距甚远，显失公平，现陈某某要求依据自己的实际损失进行赔偿，应予支持。

经验总结

一般而言，具有完全民事行为能力的当事人经过平等协商自愿达成的赔偿协议，在内容不违反法律法规强制性规定、不损害国家和公共利益的基础上，该赔偿协议应当受法律保护，即便该赔偿协议中的赔偿数额与实际损失有所出入，也是当事人对自己民事实体权利的处分，根据诚实信用原则，各方当事人均应受到协议内容的约束。但在交通事故发生后、专业伤残鉴定前，当事人因不具备专业知识，往往无法对伤者的伤残程度、医药费数额、保险公司报销理赔范围等情况作出准确判断，如果仅凭自身对当时伤情、事故责任的主观判断就草率达成赔偿协议，很可能会损害协议一方的利益。针对本案这种调解协议中约定的赔偿数额与受害致残一方的实际损失相差十倍之多、显失公平的情况，受害人根据伤残鉴定结果要求变更双方的协议，对赔偿范围和数额进行调整的，人民法院从公平、公正以及保护残疾人合法权益的角度出发，应当予以变更。

相关法律规定

一、《中华人民共和国民法典》

第一百五十一条　一方利用对方处于危困状态、缺乏判断能力等情形，致使民事法律行为成立时显失公平的，受损害方有权请求人民法院或者仲裁机构予以撤销。

二、《中华人民共和国道路交通安全法》

第五十六条　机动车应当在规定地点停放。

禁止在人行道上停放机动车；但是，依照本法第三十三条规定施划的停车泊位除外。

在道路上临时停车的，不得妨碍其他车辆和行人通行。

延伸阅读

车辆违反停放规定,虽然有时候不直接造成交通事故,但是由于其违法停放行为影响了道路的正常状态,并且影响了其他车辆的正常行驶,是造成交通事故的一个诱因,因此,法律规定,车辆违反停放规定造成交通事故的,也要根据具体情况承担事故责任。车辆违反停放规定不仅要承担行政责任,对于造成交通事故的,还要承担民事责任,造成严重后果的,甚至要承担刑事责任。

二、驾驶人无证驾驶的,保险公司的赔偿责任

裁判要旨

即使被保险人系无证驾驶,保险人亦应当对其造成的损失承担交强险赔偿责任。

案例简介

2008年9月15日早上,被告范某在未取得机动车驾驶证的情况下驾驶普通二轮摩托车与原告驾驶的电动自行车相撞,事故致两车损坏,原告受伤。交警大队作出交通事故认定,认定被告范某应承担事故的主要责任,原告承担事故的次要责任。被告范某所驾二轮摩托车在被告保险公司投保了交强险,并在保险期间内。

因被告范某所驾机动车在被告保险公司投保了交强险,且事故发生在保险期限内,因此被告保险公司应在交强险分项责任限额内首先承担无过错赔偿责任,超出部分再由原告与被告范某按责分担,依照《中华人民共和国道路交通安全法》第七十六条的规定,交强险责任系无过错责任,故被告保险公司仍应在交强险范围内承担责任。

经验总结

机动车交通事故责任强制保险以保障受害人得到及时有效的基本赔偿为首要宗旨,具有公益性。我国道路交通安全法第七十六条规定:"机动车发生交通事故造成人身伤亡、财产损失的,由保险公司在机动车第三者责任强制保险责任限额范围内予以赔偿。"因本案肇事车辆在保险公司处投保了交强险,事故发生在保险期限内,且车辆驾驶人范某应负事故主要责任,因此保险公司应在相应限额内承担民事责任。保险公司提出司机系无证驾驶,所以应免除保险公司交强险责任的辩解理由明显不当,且于法无据,法院未予支持。

相关法律规定

《中华人民共和国道路交通安全法》

第七十六条 机动车发生交通事故造成人身伤亡、财产损失的,由保险公司在机动车第三者责任强制保险责任限额范围内予以赔偿;不足的部分,按照下列规定承担赔偿责任:

(一)机动车之间发生交通事故的,由有过错的一方承担赔偿责任;双方都有过错的,按照各自过错的比例分担责任。

(二)机动车与非机动车驾驶人、行人之间发生交通事故,非机动车驾驶人、行人没有过错的,由机动车一方承担赔偿责任;有证据证明非机动车驾驶人、行人有过错的,根据过错程度适当减轻机动车一方的赔偿责任;机动车一方没有过错的,承担不超过百分之十的赔偿责任。

交通事故的损失是由非机动车驾驶人、行人故意碰撞机动车造成的,机动车一方不承担赔偿责任。

延伸阅读

道路交通事故社会救助基金

国家设立道路交通事故社会救助基金。有下列情形之一时,道路交通事故中受害人人身伤亡的丧葬费用、部分或者全部抢救费用,由救助基金先行垫付,救助基金管理机构有权向机动车道路交通事故责任人追偿:(1)抢救费用超过机动车交通事故责任强制保险限额的;(2)肇事机动车未参加机动车交通事故责任强制保险的;(3)机动车肇事后逃逸的。救助基金的来源包括:(1)按照机动车交通事故责任强制保险的保险费用的一定比例提取的资金;(2)对未按照规定投保机动车交通事故责任强制保险的机动车的所有人、管理人罚款;(3)救助基金管理机构依法向机动车道路交通事故责任人追偿的资金;(4)救助基金孳息;(5)其他资金。

第七章
民间借贷

|第一节|
自然债务不受保护

裁判要旨

　　赌债等自然债务,违背公序良俗,当事人请求归还赌债的,人民法院不予支持。

案例简介①

　　2018 年 12 月 27 日,杨某向徐某出具借条一份,载明:"今借到徐某现金柒仟玖佰元整。"该借条下方注明"年后给 2019 年 6 月前"。2019 年 12 月 13 日,徐某以杨某未还款为由起诉至法院。

　　本案审理过程中,因杨某未到庭,经与其当庭联系,其表示借条中载明的金额是打麻将欠原告的赌债,其没有收到过原告一分钱现金,不认可该笔借款。

　　徐某表示其是开棋牌室的,杨某经常在其棋牌室打麻将而熟悉,杨某向其借款时称是为了还他人债务。

　　法院审理认为:合法的借贷关系受法律保护,对于非法债权债务不受法律保护。本案中,杨某辩称案涉款项系与原告打麻将所欠的赌债,鉴于徐某是经营棋牌室的,亦认可杨某经常在其棋牌室打麻将,说明其应当知道杨某借款是用于赌博或还他人赌债,根据《最高人民法院关于审理民间借贷案件适用法律若干问题的解释》第十四条第三项"出借人事先知道或者应当知道借款人借款用于违法犯罪活动仍然提供借款的"的规定,双方之间的借贷合同无效,不受法律保护。故对徐某要求杨某偿还借款的诉讼请求,法院不予以支持。

---

　　① 聚法网.(2020)苏 0902 民初 197 号判决书:徐某与杨某民间借贷纠纷一审民事判决书(有删改)。

经验总结

在民间借贷中,有的借款可能因用于赌博等非法目的而不受法律保护,法院在审查时,通常会审查债权人是否对借款用途明知。因此,在出借时,为避免风险,应当对借款用途进行明确,且对借款用于赌博等非法用途的应当拒绝。

相关法律规定

《最高人民法院关于审理民间借贷案件适用法律若干问题的规定》

第十四条 具有下列情形之一,人民法院应当认定民间借贷合同无效:

(一)套取金融机构贷款转贷的;

(二)以向其他营利法人借贷、向本单位职工集资,或者以向公众非法吸收存款等方式取得的资金转贷的;

(三)未依法取得放贷资格的出借人,以营利为目的向社会不特定对象提供借款的;

(四)出借人事先知道或者应当知道借款人借款用于违法犯罪活动仍然提供借款的;

(五)违反法律、行政法规强制性规定的;

(六)违背公序良俗的。

延伸阅读

自然债务及其类型

自然债务是指债务现实存在,但不能通过法律程序来实现债权的债务。

自然债务有多种类型,法学理论界一般认为以下债务属于自然债务:

(1)因时效届满而丧失法律强制力保护之债;

(2)子女对父母所负债务中超出其所继承的遗产范围之外部分的自愿清偿;

(3)对法律上无赡养义务之亲属所为的扶养;

(4)养子女对生父母的赡养义务;

(5)对社会弱者的帮助;

(6)朋友间不要求对价的帮助;

（7）紧急避险受益人对受害人的自愿补偿；

（8）无因管理人的报酬请求；

（9）对意外事件导致的损害的自愿补偿；

（10）无偿保管中具有轻过失的保管人自愿给付保管的补偿；

（11）约定无利息的借贷关系中借贷人对出借人自动给付的利息；

（12）媒介婚姻中给媒人的报酬；

（13）赌债（限于不存在欺诈之情形）；

（14）父母给予子女的嫁资；

（15）当事人约定的无诉权的债务关系。

因此，赌债不受法律的强制力保护，借款人是否归还法律并不进行干涉。

第二节
更改借条

裁判要旨

借条是出借人的诉讼请求能否得到法院支持的关键证据，借条出现遗失、严重破损无法识别等情况时，借条持有人将会面临诉讼请求难以被支持的可能。

案例简介①

韩某某、刘某向邬某某借款 110000 元，于 2013 年 10 月 16 日向邬某某出具了借条一份，约定月利率 1‰（书写为"利息 1 分"）。2014 年 11 月 10 日，韩某某向邬某某支付利息 5000 元，韩某某在借条背面备注"2014.11.10 结利息 5000"，下一行备注了"利息停"，邬某某将"利息停"三字涂黑。之后韩某某、刘某至今未给付借款本息。以上事实有邬某某提供的借条原件一份予以证明。

法院认为，韩某某、刘某承认邬某某要求支付借款本金 110000 元的诉讼请

---

① 聚法网.（2017）内 0621 民初 4785 号判决书：邬某某与韩某某、刘某民间借贷纠纷一审民事判决书（有删改）。

求,不违反法律规定,法院予以支持。邬某某请求二被告按月利率1‰支付利息,根据《中华人民共和国民事诉讼法》第六十四条第一款的规定,当事人对自己提出的主张,有责任提供证据。邬某某提供的借条上约定"利息1分",但借条背面备注的"利息停"被邬某某涂黑,邬某某是借条的持有人,未对利息没有停止的主张提供证据证明。故对邬某某请求韩某某、刘某支付利息的诉讼请求,法院不予支持。

经验总结

　　民间借贷案件中,大多数借款人在借款时会向出借人出具借条。《中华人民共和国民事诉讼法》第六十四条第一款规定:"当事人对自己提出的主张,有责任提供证据。"本案中,邬某某提供的借条上约定"利息1分",但借条背面备注的"利息停"被其涂黑,邬某某是借条的持有人,未对利息没有停止的主张提供证据证明,即要承担利息请求不能被支持的法律后果。此案虽是一则简单的民间借贷案件,但是具有警醒意义。

相关法律规定

《中华人民共和国民法典》

　　第五百零九条第一款　当事人应当按照约定全面履行自己的义务。

　　第五百七十七条　当事人一方不履行合同义务或者履行合同义务不符合约定的,应当承担继续履行、采取补救措施或者赔偿损失等违约责任。

　　第六百七十五条　借款人应当按照约定的期限返还借款。对借款期限没有约定或者约定不明确,依据本法第五百一十条的规定仍不能确定的,借款人可以随时返还;贷款人可以催告借款人在合理期限内返还。

　　第六百八十条　禁止高利放贷,借款的利率不得违反国家有关规定。

　　借款合同对支付利息没有约定的,视为没有利息。

　　借款合同对支付利息约定不明确,当事人不能达成补充协议的,按照当地或者当事人的交易方式、交易习惯、市场利率等因素确定利息;自然人之间借款的,视为没有利息。

延伸阅读

现实生活中,因为借条内容、格式、书写习惯等产生的纠纷形形色色,因此在借款时,书写借条一定要尽量采用更标准的格式,注意各种细节,防止不必要的纠纷。

(1)应该要求借款人直接写借条,千万不要自己写了借条,或是打印借条出来让借款人签名。这样的借条的法律效力很难被认可,如果没有其他证据证明,很可能在诉讼中处于不利地位。

(2)借条尽量使用完整的一张白纸,如果是一半的纸张借款人可能说纸张的另一半上写了他已经归还,而出借人却把那部分撕掉了。

(3)如果需要收利息,需要写明是年息还是月息,利率是多少,折成人民币是多少,什么时候支付。根据民法典第六百八十条的规定,如果不写明利息,自然人之间的借款会被视为没有利息。

(4)一般约定利率不能超过一年期 LPR 的四倍,超过的部分将得不到司法保护。

(5)债务要及时催讨,防止超过诉讼时效,转化成自然债务。《中华人民共和国民法典》第一百八十八条规定:"向人民法院请求保护民事权利的诉讼时效期间为三年。法律另有规定的,依照其规定。诉讼时效期间自权利人知道或者应当知道权利受到损害以及义务人之日起计算。法律另有规定的,依照其规定。但是,自权利受到损害之日起超过二十年的,人民法院不予保护,有特殊情况的,人民法院可以根据权利人的申请决定延长。"因此,一般诉讼时效为三年,从权利人知道或者应当知道权利受到损害以及义务人之日起计算。在普通借款纠纷中,即债务履行期限届满之日起算。

(6)如果借款的数目比较大,最好让对方提供物保或者人保。物保可以是抵押或者质押,担保物可以是贵重物品,如金银首饰、可转让国债,也可以是房屋、车辆或记名债券、股票等(这些应到有关部门登记)。如果是人保,就要注意保证人的还款能力,且要方便寻找联络。

(7)写借条的时候要注意要求借款人提供身份证,并注意核对,检查其姓名是否与身份证上的一致,并写明身份号码。

第八章
校园安全

⚖ 裁|判|要|旨

学校等教育机构的责任属于过错推定责任,即在损害事实发生后,基于某种客观事实或条件而推定教育机构方具有过错,从而减轻或者免除受害方对过失的证明责任,但教育机构方也可通过证据证明自己没有过错,而减轻或免除责任。

案|例|简|介①

2013年5月10日上午,曹某因与同学发生矛盾,打电话给母亲陆某称其在学校被同学欺负。中午11时许,陆某携带羊角锤和暖水瓶与其丈夫曹某某来到被告盘锦市某中学,在行至教学楼门口时,被学校老师拦阻,但陆某、曹某某仍拿着羊角锤和暖水瓶意图强闯进教学楼,当时学校的副校长杜某得知情况后与学校两名保安及其他老师追到教学楼三楼走廊制止二人,同时有老师向公安机关报警,陆某手中的羊角锤被夺下,暖水瓶掉在地上摔碎,双方在冲突过程中发生了撕扯及肢体冲撞,后学校的保安将陆某控制并将其双手用塑料绳捆住。在此过程中,曹某一直在旁边哭泣,没有人对其实施过伤害行为。后盘锦市公安局某分局派出所民警赶到现场,将陆某和曹某某带离学校。

2013年12月28日,派出所在对整个事件进行调查后,作出了给予陆某罚款200元的行政处罚决定书。2013年9月26日,经盘锦市中心医疗法医司法鉴定所鉴定,陆某"左环指远节指间关节损伤,左季肋部软组织挫伤,损伤程度为轻微伤"。后陆某、曹某某、曹某起诉要求某中学承担赔偿责任。

二审法院认为:根据纠纷发生后派出所对陆某、曹某某以及某中学工作人员、保安的询问笔录,证明陆某携带羊角锤与曹某某不听学校工作人员劝阻强行闯入学校教学楼的事实,以及学校工作人员、保安为防止其闯入正在上课的曹某所在的教室,将陆某手中的羊角锤夺下,并对陆某、曹某某进行阻拦以及双方发生肢体冲突的事实。由于某中学负有保障正常教学秩序的义务,对在校学习的学生及在校老师负有提供安全保障的义务,因此,某中学对陆某、曹某某在

---

① 聚法网.(2014)盘中民二终字第00334号判决书:陆某、曹某某、曹某与盘锦市某中学身体权纠纷二审民事判决书(有删改)。

学校强闯教学楼实施危及学生、老师人身安全以及扰乱教学秩序的行为负有及时制止的职责。学校工作人员及保安在制止过程中与其发生肢体冲突,冲突中造成了陆某、曹某某、学校工作人员、保安不同程度的轻微损伤的事实存在,由于某中学工作人员及保安是在为维护师生安全及正常的教学秩序情形下造成陆某、曹某某的一定限度的损害后果,因此,其行为不属于违法行为属于正当防卫行为,根据《中华人民共和国侵权责任法》第三十条规定,能够认定某中学对陆某、曹某某并没有实施侵权行为,不应承担赔偿责任。

经验总结

1. 依法办事,理性行为。法律在社会生活中的作用越来越重要,公民要能够依法行为、依法办事,而不是莽撞、胡乱行为。校园安全直接或间接地关系到每一个家庭,维护校园安全既是校方以及管理部门义不容辞的责任,也是我们每一个公民的义务。在处理相关问题时,意气用事、胡搅蛮缠、不讲道理只会将事情越弄越糟。因此,努力认清事实,理性行为,才是每一个公民的最好、最优的选择。

2. 加强校园安全管理和法律宣传。校园安全关系重大,轻则侵权违约,重则涉及刑事责任。该案件中,陆某与曹某某的行为如果进一步发展将直接导致故意伤害、危害社会公共安全等违法犯罪行为,就可能面临刑事责任。因此,除了进一步加强校园安全自身的管理、维护之外,还应加大普法宣传。法律宣传不仅包括公民的权利义务等基本内容,更应涉及对不法行为的打击和制裁,使人们的行为更加节制,依法办事。

相关法律规定

一、《中华人民共和国民法典》

第一千一百六十八条 二人以上共同实施侵权行为,造成他人损害的,应当承担连带责任。

第一千一百八十八条第一款 无民事行为能力人、限制民事行为能力人造成他人损害的,由监护人承担侵权责任。监护人尽到监护责任的,可以减轻其侵权责任。

第一千一百九十九条　无民事行为能力人在幼儿园、学校或者其他教育机构学习、生活期间受到人身损害的,幼儿园、学校或者其他教育机构应当承担侵权责任,但是,能够证明尽到教育、管理职责的,不承担侵权责任。

二、《最高人民法院关于审理人身损害赔偿案件适用法律若干问题的解释》

第十七条　受害人遭受人身损害,因就医治疗支出的各项费用以及因误工减少的收入,包括医疗费、误工费、护理费、交通费、住宿费、住院伙食补助费、必要的营养费,赔偿义务人应当予以赔偿。

受害人因伤致残的,其因增加生活上需要所支出的必要费用以及因丧失劳动能力导致的收入损失,包括残疾赔偿金、残疾辅助器具费、被扶养人生活费,以及因康复护理、继续治疗实际发生的必要的康复费、护理费、后续治疗费,赔偿义务人也应当予以赔偿。

受害人死亡的,赔偿义务人除应当根据抢救治疗情况赔偿本条第一款规定的相关费用外,还应当赔偿丧葬费、被扶养人生活费、死亡补偿费以及受害人亲属办理丧葬事宜支出的交通费、住宿费和误工损失等其他合理费用。

第二十五条第一款　残疾赔偿金根据受害人丧失劳动能力程度或者伤残等级,按照受诉法院所在地上一年度城镇居民人均可支配收入或者农村居民人均纯收入标准,自定残之日起按二十年计算。但六十周岁以上的,年龄每增加一岁减少一年;七十五周岁以上的,按五年计算。

三、《中华人民共和国刑法》

第一百三十八条　明知校舍或者教育教学设施有危险,而不采取措施或者不及时报告,致使发生重大伤亡事故的,对直接责任人员,处三年以下有期徒刑或者拘役;后果特别严重的,处三年以上七年以下有期徒刑。

延伸阅读

《学生伤害事故处理办法》第十三条规定:"下列情形下发生的造成学生人身损害后果的事故,学校行为并无不当的,不承担事故责任;事故责任应当按有关法律法规或者其他有关规定认定:(一)在学生自行上学、放学、返校、离校途中发生的;(二)在学生自行外出或者擅自离校期间发生的;(三)在放学后、节假日或者假期等学校工作时间以外,学生自行滞留学校或者自行到校发生的;(四)其他在学校管理职责范围外发生的。"学校应当对在校学生进行必要的安全教育和自护自救教育;应当按照规定,建立健全安全制度,采取相应的管理措施,预防和消除教育教学环境中存在的安全隐患;当发生伤害事故时,应当及时采取措施救助受伤害学生。学校对学生进行安全教育、管理和保护,应当针对学生年龄、认知能力和法律行为能力的不同,采用相应的预防措施。学生应当遵守学校的规章制度和纪律;在不同的受教育阶段,应当根据自身的年龄、认知能力和法律行为能力,避免和消除相应的危险。